汽车类专

奔驰车系

45.57.
RF5.10

整车检测实训工单

AR 版

◯ 舒一鸣◎主编

孙海平 爨要峰 郑超志◎副主编

李东江 孙健◎主审

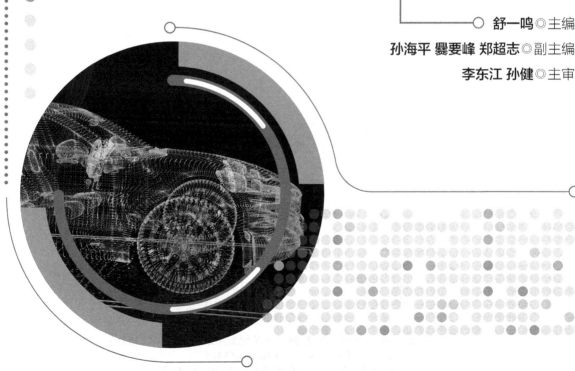

人民邮电出版社

北京

图书在版编目（ＣＩＰ）数据

奔驰车系整车检测实训工单：AR版 / 舒一鸣主编
. -- 北京 ：人民邮电出版社，2023.7
汽车类专业人才培养系列教材
ISBN 978-7-115-60051-6

Ⅰ．①奔… Ⅱ．①舒… Ⅲ．①汽车－车辆修理－教材
Ⅳ．①U472

中国国家版本馆CIP数据核字(2023)第079198号

内 容 提 要

本书是奔驰车系整车检测的实训工单，主要包含奔驰汽车认知，故障诊断系统及专业工具使用，发动机系统、底盘系统和电气系统的维护与保养等内容。本书内容在相关院校的实训教学过程中经过了多次验证、修改和完善，取得了较好的教学效果。书中的实训操作都配套了基于 AR 技术的立体化资源，读者可以观看视频、在线答题及查看答案。

本书既可以作为职业院校汽车类专业相关课程的实训教材，也可以作为企业职工培训（或自学者学习）同类技术的辅助教学参考用书。

◆ 主　　编　舒一鸣
　　副 主 编　孙海平　爨要峰　郑超志
　　主　　审　李东江　孙　健
　　责任编辑　王丽美
　　责任印制　王　郁　焦志炜
◆ 人民邮电出版社出版发行　　北京市丰台区成寿寺路 11 号
　　邮编　100164　　电子邮件　315@ptpress.com.cn
　　网址　https://www.ptpress.com.cn
　　北京天宇星印刷厂印刷
◆ 开本：787×1092　1/16
　　印张：14　　　　　　　　　　　2023 年 7 月第 1 版
　　字数：331 千字　　　　　　　　2024 年 10 月北京第 2 次印刷

定价：45.00 元
读者服务热线：(010)81055256　印装质量热线：(010)81055316
反盗版热线：(010)81055315
广告经营许可证：京东市监广登字 20170147 号

专 家 委 员 会

前言

汽车的未来在于电动化、智能化、网联化、共享化。未来汽车后市场时代，不再只关乎维修和保养，而是更加看重服务。优质的服务需要完善的知识储备，更需要专业的操作技能。知识让我们的技能更具有含金量。然而，同样的服务，同样的技能，其造成的差异在哪里？差异在于规范。规范存在于工作的每一个细节中，在每一个服务过程中。

正如党的二十大报告所要求"构建优质高效的服务业新体系，推动现代服务业同先进制造业、现代农业深度融合。"只有这样，才能构建汽车从制造到服务全过程的服务标准和规范，形成具有中国特色的汽车工业体系与标准。

要贯彻党的二十大报告中"深入实施人才强国战略。培养造就大批德才兼备的高素质人才，是国家和民族长远发展大计。功以才成，业由才广。"努力培养造就更多大师和卓越工程师、大国工匠、高技能人才。

万通汽车教育研究院编写的汽车检测与维修技术专业的系列实训工单第二期共3本，涵盖了"奔驰车系整车检测""宝马车系整车检测""奥迪车系整车检测"3门汽车维修方向的基础核心课程。同时还提供了与以正常行驶里程数为主线的汽车快修快保服务所涉及的24个项目教学配套的全部实训工单，全程体现了各专业课程实训环节操作的标准化和流程的规范性。

本书共21个项目，42个任务。全书按照理论知识问答、实训操作、专业考核评分表3部分设计了上述课程的实训环节。本书内容在相关院校的实训教学过程中经过了多次验证、修改和完善。

本书由AR展示、在线互动知识及后台大数据测评系统（专利号：201810230606.2）支撑。本书在大部分实训操作任务开始前设置了"操作步骤演示"栏目，提供了基于AR技术的多媒体图片。读者打开"智慧书"App〔登录人邮教育社区（www.ryjiaoyu.com）获取下载链接〕，扫描"操作步骤演示"中的多媒体图片即可观看相应内容的短视频，并可进行在线答题及查看答案。

实训就是在相应设备上验证所学的理论知识，在这个验证过程中的每一个环节都需要按照工单所规定的要求、步骤、规范、标准进行操作。除专业内容之外，还包括安全防护、工具准备、环境卫生等 6S 管理方面的内容。只有这样，才能使我们在掌握基本技能的同时，学会全流程的规范服务与操作。

本书由万通汽车教育研究院舒一鸣任主编，孙海平、爨要峰和郑超志任副主编，李东江和孙健任主审。万通汽车院校的多名教师参与审校，具体人员见专家委员会名单。

由于编者水平有限，书中若有疏漏与不足之处，请读者予以指正。

万通汽车教育研究院

2022 年 12 月

目录

目录

实训项目一 —— 奔驰车型及配置介绍

任务一　奔驰常见车型认知

_____学时

班级：	组别：	姓名：	掌握程度： □ 优　□ 良　□ 及格　□ 不及格

一、工作任务

1. 掌握奔驰车型代码及发动机编号识别等相关知识。

2. 能说出奔驰车的经典配置。

3. 能指认奔驰车各零部件在车上的具体位置。

4. 了解奔驰车常见故障及排除方法。

二、项目认知

1. 奔驰部分车型识别（见图1-1）

奔驰C级　　　奔驰A级　　　奔驰CLS　　　奔驰V级

迈巴赫S级　　B级运动旅行车　　威霆　　　奔驰GLA

□ 图 1-1　奔驰部分车型

（1）奔驰 A 级是_____车，B 级是_____车，C 级是_____车，E 级是_____轿车，S 级是_____轿车，G 级是_____车。

（2）奔驰车尾部标识中的数字代表的是车辆的动力水平，例如，260 代表的是_____高功率版，320 代表的是_____低功率版，400 代表的是_____高功率版，400H 代表的是_____，3.5LV 代表的是_____动力版，500 代表的是_____动力系统，600 代表的是_____版本。奔驰 180 和 200 系列中，A 级、B 级的 180 是_____低功率版，C 级 L 的 180 是_____高功率版，E 级 L 的 180 是_____超低功率版；A 级、B 级的 200 是_____高功率版，C 级 L 和 E 级 L 的 200 是_____低功率版。奔驰 C260L 车型，如图 1-2 所示。

2. 奔驰发动机编号组成

例如发动机编号"M271 E 18 ML"：第一个字母或字母组合+第一个数字组合+第二个字母+第二个数字组合+后缀。

（1）第一个字母或字母组合：M 代表发动机为_____发动机；OM 代表发动机为_____发动机。

（2）第一个数字组合：代表_____。

（3）第二个字母：D 代表_____；E 代表_____；K 代表_____。

（4）第二个数字组合：代表发动机的_____。

（5）后缀：AL 代表_____；ML 代表_____。后缀为空，则表示为_____车的款型，奔驰带工程师签名铭牌的发动机，如图 1-3 所示。

☐ 图 1-2　奔驰 C260L

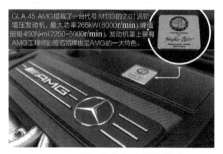
☐ 图 1-3　带工程师签名铭牌的发动机

3．奔驰各车型特点

（1）奔驰 A 级车（见图 1-4）诞生于 1998 年，但在诞生之前的测试中出现了侧翻，这引起了奔驰公司极大的重视。为了提高稳定性，设计师降低了底盘高度，换上扁宽轮胎，加装了电子稳定系统（ESP）及侧倾角传感器、横向速度传感器等，使这个问题得到了完全解决。

（2）奔驰 B 级车是奔驰_____年在中国重点推广的车型。B 级车有以下特点：2.0 发动机+无级变速器，在保证动力的同时，使油耗达到最_____；车身高度高于一般家庭轿车近_____ cm；可随意放倒的第二排座椅，使奔驰 B 级车具有一个超大的行李箱，充分满足了_____的需求。

（3）奔驰 C 级车（见图 1-5）诞生于_____年。奔驰 C 级轿车又一次成功彰显了梅赛德斯-奔驰的品牌价值，通过特殊装备的方式安装了一款以 AIRPANEL 命名的散热器护栅百叶窗。它在关闭状态下可以改善空气动力学性能，从而节约燃油。它可以根据发动机的冷却要求相应地打开和关闭。

☐ 图 1-4　奔驰 A 级车

☐ 图 1-5　奔驰 C 级车

散热器护栅百叶窗在以下情况下打开：冷却液温度大于 105℃；增压空气温度高于 34℃；车速大于 180km/h；风扇输出功率大于原来功率的 30%。

（4）奔驰的旗舰车系 S 级车在中国很受欢迎。

① 奔驰 S 级车认知：它被认为是顶级_____车，无论在驾驶性、外表的豪华程度及舒适性、安全性等方面，都达到顶尖水平。其内饰（见图1-6）皆是_____材料，控制系统也是_____的结晶。

□ 图 1-6　奔驰 S 级车内饰

② 奔驰 S 级车配置：具有_____悬架、底盘_____系统、按摩功能、座椅功能、后排_____系统、无线耳机、车门_____功能、冰箱、_____夜视系统、四_____空调、_____显示系统、四温区智能_____系统、6 碟 DVD 系统、道路_____功能、注意力_____系统。奔驰 S 级车外观如图1-7所示。

□ 图 1-7　奔驰 S 级车外观

三、奔驰常见零部件故障及解决方法

1．火花塞

① 症状：火花塞性能变差后，车辆行驶时会出现发动机动力不足，急加速车体发抖并伴随排气管发出"突、突"声，怠速时发动机抖动等现象。

② 解决：建议每行驶_____km 到修理厂检查火花塞，必要时更换。

2．节气门体

① 症状：奔驰车在行驶 20 000km 左右时，在节气门处会有许多积碳及污垢，当它们积累到一定程度时，发动机就会出现起动困难、着车后怠速异常、行驶中熄火等现象。

② 解决：清洗节气门后，必须通过原厂诊断仪_____，才可以正常使用车。

3．喷油器

① 症状：喷油器脏污后，发动机会出现起动困难、动力下降、加速迟缓、怠速发抖、冒黑烟、尾气超标等现象，严重时发动机将无法起动。

② 解决：免拆清洗喷油器，清洗喷油器的同时还可以把燃烧室和活塞顶部的积碳清洗掉。建议车辆每行驶_____km进行一次免拆清洗。

4．转向助力泵

① 症状：转向助力泵密封圈损坏后，泵外部会有许多油污，因漏油使转向助力油亏损。如果转向助力油亏损严重，则在转向时会发出很大的噪声，如不及时修理将会使转向助力泵因亏油而损坏。

② 解决：发现转向助力泵漏油时应及时到修理厂更换转向助力泵修理包，以防转向助力系统亏油造成元件损坏。一般在行驶_____km左右时，转向助力泵较易出现漏油现象。

5．水泵

① 症状：水泵渗漏冷却液现象比较普遍。水泵损坏后使冷却液泄漏，当冷却液亏损严重时，会造成发动机温度过高，从而损坏发动机。

② 解决：发现水泵有_____现象时应及时更换水泵，以免造成更大的损失。

6．燃油泵

① 症状：燃油泵用于将燃油加压输送到喷油器。一般燃油泵损坏之前会发出"吱、吱"声，当燃油泵损坏后，燃油不能输送到发动机喷油器，发动机将停止工作。

② 解决：当燃油泵出现_____时，应及时更换燃油泵。

7．下摆臂球头

① 症状：下摆臂球头损坏后，车在颠簸路面行驶时，底盘有异响；在急加速和急减速时，也能听到异响；对车辆的安全性和舒适性都存在影响。

② 解决：下摆臂球头损坏后，出现_____时需要及时更换，否则会影响到车辆的安全性和舒适性。

······□ 案例分享 □······

────【故障现象】────

一辆奔驰S350轿车行驶里程约5万km，配置M272型电控发动机、自动变速器和自动空调系统。用户反映：该车鼓风机一直运转，即使关闭点火开关，鼓风机仍然运转，直到蓄电池没电为止。

────【故障诊断】────

1．将蓄电池充满电装复后，可以听到鼓风机运转的声音。起动发动机，观察仪表板，无任何警告灯点亮。操作其他电控装置，相应的功能都正常。使用诊断仪对全车电控系统进行扫描，结果只有自动空调系统有"F"信息，也就是只有该项目存在故障码。读取故障信息，查看后确认两个故障码。

（1）951 D：A32N1，其含义为鼓风机调节器的 LIN 总线通信错误。

（2）94ED：M16/34，其含义为右侧 B 柱风门伺服电动机 LIN 总线通信错误。

2. 结合以上故障码，拆卸相关部件，找到鼓风机总成，拔下线束插头，检查电源线和搭铁线，均正常。测量 LIN 总线电压，存在短路现象。继续对右侧 B 柱风门伺服电动机进行检查，发现该电动机因水浸而腐蚀。拔下该电动机的线束插头，插好鼓风机总成的线束插头，鼓风机常转的故障现象消失，由此说明右侧 B 柱风门伺服电动机内部电路短路。更换右侧 B 柱风门伺服电动机，清除故障码再试车，该电动机无法正常工作。

3. 重新查询故障信息，故障码 94ED 再次出现。检查 LIN 总线信号电压，正常。检查该电动机的电源线和搭铁线，也正常。使用诊断仪对空调控制模块进行初始起动操作，选择手动安装，发现该电动机不能进行同步运行。用万用表测量该电动机的电阻，结果为 17.7Ω，在标准值范围内。怀疑有卡滞故障，用手碰该电动机，结果转动了。换一个新电动机，再次进行同步，结果电动机动作了，只是动作一直不停，而且故障码再次出现。

──────●──────【故障排除】──────●──────

最后怀疑空调控制模块有问题，选择同款车的空调控制模块并更换，选择"初始化"项目，执行自动安装功能，进行安装匹配，完成后清除故障码，试车，自动空调系统恢复正常。

──────●──────【故障原因】──────●──────

由以上分析可确定是空调控制模块故障，导致即使关闭点火开关，鼓风机仍然运转。

──────●──────【案例总结】──────●──────

奔驰更换控制模块或配件时，一定要选择同款车配件，检查外观是否相同，零件号是否正确，安装位置是否正确。最后需要做匹配或设置。

任务二　整车配置实物名称、作用认知

_____学时

班级：	组别：	姓名：	掌握程度： □ 优 □ 良 □ 及格 □ 不及格
实训目的	能够掌握奔驰 E260 相关部件的名称和作用。		
安全注意 事项	注意设备及个人安全，规范操作。		
教学组织	每辆车按 6 位学员（组长 1 人、主修 1 人、辅修 1 人、观察员 1 人、评分 1 人、质检 1 人）作业，循环操作。		
操作步骤 演示	 微课 整车配置实物名称、作用认知（一）  微课 整车配置实物名称、作用认知（二）		
任务	作业记录内容　☑ 正确　☒ 错误		
前期准备	□ 1. 护具——整车防护七件套（车外三件套——前翼子板垫/左翼子板垫/右翼子板垫，车内四件套——转向盘套/脚垫/座椅套/变速器操作杆套），如图 1-8 和图 1-9 所示。 □ 2. 工具——工作灯等，如图 1-10 所示。  □ 图 1-8　车外三件套 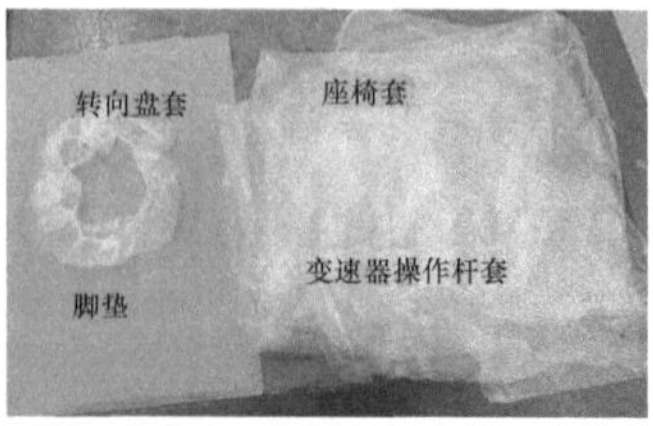　　□ 图 1-9　车内四件套 　　□ 图 1-10　工作灯 □ 3. 实训车辆——奔驰 E260。		

安全检查	□ 1．检查车辆驻车制动器是否被拉起，变速器挡位是否处于空挡。 □ 2．举升车辆前，检查实训台架及周围是否安全。 □ 3．举升车辆至高出地面 10～20cm，检查举升机支点位置。 □ 4．举升车辆时，注意举升过程中有无异常、异响。若有，应立即停止当前作业并及时和老师联系，不得擅自处理。
防护工作	人身防护如图 1-11 所示。车身防护如图 1-12 所示。车内防护如图 1-13 所示。（注①）  □ 图 1-11　人身防护 　　□ 图 1-12　车身防护 　　□ 图 1-13　车内防护
操作流程	**一、操作步骤** **步骤一　指认发动机舱内部件（使用工作灯观察）** □ 1．在实训车辆上指认发动机控制模块（见图 1-14），其作用是＿＿＿＿＿＿。 □ 2．在实训车辆上指认点火线圈（见图 1-15），其作用是＿＿＿＿＿＿＿。  □ 图 1-14　发动机控制模块 　　　　　□ 图 1-15　点火线圈 □ 3．在实训车辆上指认制动液油壶（见图 1-16），其作用是＿＿＿＿＿＿＿。 □ 4．在实训车辆上指认空调压缩机（见图 1-17），其作用是＿＿＿＿＿＿＿。  □ 图 1-16　制动液油壶 　　　　　　　□ 图 1-17　空调压缩机

注①：安全防护要到位。

操作流程	□ 5. 在实训车辆上指认节气门（见图1-18），其作用是＿＿＿＿＿＿＿＿＿＿＿＿。 □ 6. 在实训车辆上指认蓄电池（见图1-19），其作用是＿＿＿＿＿＿＿＿＿＿＿＿。  □ 图1-18 节气门　　　　　　　　□ 图1-19 蓄电池 □ 7. 在实训车辆上指认前氧传感器（见图1-20），其作用是＿＿＿＿＿＿＿＿＿＿＿＿。 □ 8. 在实训车辆上指认散热器散热风扇（见图1-21），其作用是＿＿＿＿＿＿＿＿＿＿＿＿。 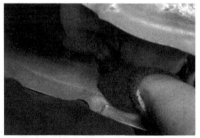 □ 图1-20 前氧传感器　　　　　　□ 图1-21 散热器散热风扇 **步骤二　指认底盘部件（使用工作灯观察）** □ 1. 在实训车辆上指认前减振器总成（见图1-22），其作用是＿＿＿＿＿＿＿＿＿＿＿＿。 □ 2. 在实训车辆上指认转向横拉杆外球头（见图1-23），其作用是＿＿＿＿＿＿＿＿＿＿＿＿。 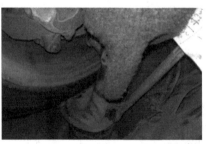 □ 图1-22 前减振器总成　　　　　□ 图1-23 转向横拉杆外球头 □ 3. 在实训车辆上指认后制动轮缸（分泵）（见图1-24），其作用是＿＿＿＿＿＿＿＿＿。 **步骤三　指认驾驶室内的部件** □ 1. 在实训车辆上指认仪表板（见图1-25），其作用是＿＿＿＿＿＿＿＿＿＿＿＿。 □ 2. 在实训车辆上指认空调控制开关面板（见图1-26），其作用是＿＿＿＿＿＿＿＿＿＿＿。

操作流程	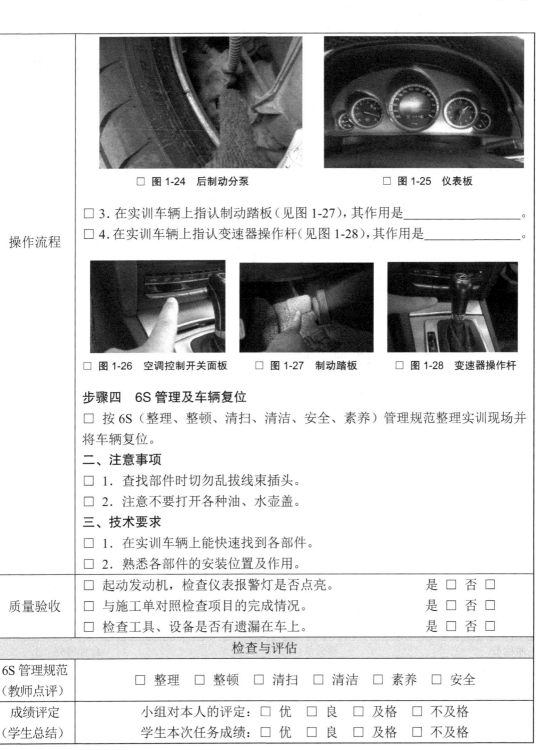 □ 图 1-24　后制动分泵　　　　　　　□ 图 1-25　仪表板 □ 3. 在实训车辆上指认制动踏板（见图 1-27），其作用是_____。 □ 4. 在实训车辆上指认变速器操作杆（见图 1-28），其作用是_____。 □ 图 1-26　空调控制开关面板　　□ 图 1-27　制动踏板　　□ 图 1-28　变速器操作杆 **步骤四　6S 管理及车辆复位** □ 按 6S（整理、整顿、清扫、清洁、安全、素养）管理规范整理实训现场并将车辆复位。 **二、注意事项** □ 1. 查找部件时切勿乱拔线束插头。 □ 2. 注意不要打开各种油、水壶盖。 **三、技术要求** □ 1. 在实训车辆上能快速找到各部件。 □ 2. 熟悉各部件的安装位置及作用。
质量验收	□ 起动发动机，检查仪表报警灯是否点亮。　　　　　　是 □　否 □ □ 与施工单对照检查项目的完成情况。　　　　　　　　是 □　否 □ □ 检查工具、设备是否有遗漏在车上。　　　　　　　　是 □　否 □
检查与评估	
6S 管理规范 （教师点评）	□ 整理　　□ 整顿　　□ 清扫　　□ 清洁　　□ 素养　　□ 安全
成绩评定 （学生总结）	小组对本人的评定：□ 优　　□ 良　　□ 及格　　□ 不及格 学生本次任务成绩：□ 优　　□ 良　　□ 及格　　□ 不及格

专业考核评分表——整车配置实物名称、作用认知

班级：		组别：		组长：		日期：		
技术标准：整车实物名称、位置及作用认知								
序号	作业项目	考核内容		考核标准		分值	扣分	得分
1	准备环节	正确选用工具		选错1次扣2分		4		
2		做好防护		漏做1项扣3分		5		
3		做好安全检查		漏做1项扣3分		6		
4	整车实物认知环节	发动机控制模块的位置		查找各零部件位置并说出其作用，若找不到或不知道作用，则每项扣2.5分		5		
5		点火线圈的位置				5		
6		制动液油壶的位置				5		
7		压缩机的位置				5		
8		节气门的位置				5		
9		蓄电池的位置				5		
10		前氧传感器的位置				5		
11		散热器散热风扇的位置				5		
12		转向横拉杆外球头的位置				5		
13		前减振器的位置				5		
14		后制动轮缸位置				5		
15		仪表板的位置				5		
16		空调控制开关面板的位置				5		
17		制动踏板的位置				5		
18		变速器操作杆的位置				5		
19		项目实训时间		0～10min　　　　10分 ＞10～12min　　　8分 ＞12～14min　　　5分 ＞14min　　　　　0分		10		
质检员：		评分员：				合计得分		
教师点评：								
团队合作：优秀 □　良好 □　及格 □				分工明确：优秀 □　良好 □　及格 □				
专业标准：优秀 □　良好 □　及格 □				操作规范：优秀 □　良好 □　及格 □				
教师签字：						年　　月　　日		

注：实训未按规范操作，导致出现设备损坏或人身伤害，本次考核记0分。

实训项目二 — 奔驰诊断软件的认知及使用

任务一 奔驰诊断软件认知

_____学时

班级：	组别：	姓名：	掌握程度： □ 优 □ 良 □ 及格 □ 不及格

一、工作任务

1. 了解奔驰诊断软件（奔驰新诊断软件 XENTRY 兼容奔驰老款的诊断软件 DAS）。
2. 能使用奔驰诊断软件 XENTRY 系统。
3. 掌握使用 XENTRY 系统中的专家功能进行检测的方法。

二、项目认知

1. 奔驰诊断软件概述

（1）对奔驰的一些老车型如 E320/E350（ME2 发动机等）要使用_____诊断系统，其他奔驰车型如 SL230/CL216 等使用_____诊断系统。

（2）当要诊断车辆，不知道应该使用哪个诊断系统时，可以先进入_____，然后由该系统根据车辆规格的自动设置确定使用 DAS 系统还是 XENTRY 系统进行车辆诊断。

（3）XENTRY 诊断系统具有将"XENTRY 诊断和_____、_____、_____"与车辆和症状信息传输紧密关联的应用程序网络。

（4）除了可以进行控制单元基本诊断，XENTRY 诊断还提供_____。故障引导功能可对有故障的电控部件进行引导测试，以帮助诊断。

2. 奔驰诊断软件的基本操作

（1）双击"XENTRY"图标，启用 XENTRY 诊断系统，如图 2-1 所示。

（2）XENTRY 启用后，可以切换至图 2-2 所示车系选择界面，单击奔驰对应的选项。

□ 图 2-1 XENTRY 诊断系统

□ 图 2-2 车系选择

（3）在启动 XENTRY 之后，显示品牌概览，从需要的品牌中选择车辆的产品组，如选择小轿车，如图 2-3 所示。

（4）可以在产品组界面选择对应的车型系列，然后进入诊断界面，出现具体车型号（见图 2-4），根据车型号需要选择对应的底盘号（比如输入 221.057），出现的界面如图 2-5 所示。

□ 图2-3　品牌概览

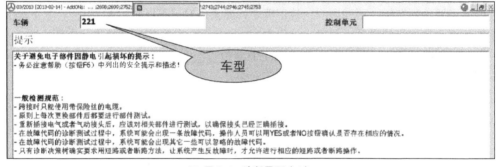

□ 图2-4　诊断界面（1）

（5）车辆身份识别后，会出现诊断功能视图菜单，选择"快速测试"，对车辆系统进行全面扫描，把控制模块检测信息全部列出，以便于综合分析功能故障原因，如图2-5所示。

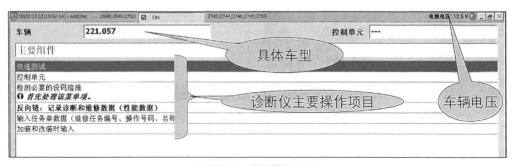

□ 图2-5　诊断界面（2）

（6）界面出现了诊断过程的提示，说明正在诊断当中，如图2-6所示。

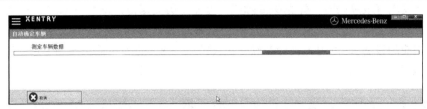

□ 图 2-6　诊断界面（3）

（7）通过快速诊断后，会显示图 2-7 所示界面。

□ 图 2-7　诊断界面（4）

（8）在图 2-7 中单击"开始快速测试"按钮，进行快速测试，快速测试完成后会显示图 2-8 所示界面，出现绿色的"√"，则说明该系统无故障，如果出现了"F"则说明有故障码。

□ 图 2-8　快速测试界面

（9）当发现有故障码时，先删除故障码（可能是历史遗留，修复后未清除），如图2-9所示。单击"删除故障代码"，关闭点火开关，等待3 s后，再次打开点火开关（有时需要起动发动机或相应的设备），再用奔驰诊断软件按（1）～（8）的顺序重新检测一遍，观察故障码是否再次出现，如再次出现说明确实存在故障，需进行维修。

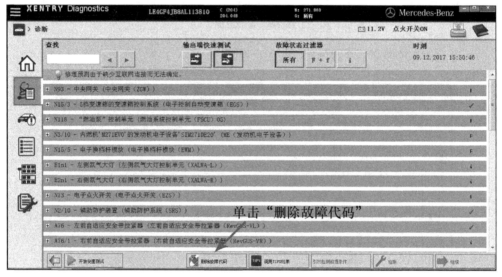

□ **图 2-9　故障码删除**

···································· □ 案例分享 □ ····································

─────【 故障现象 】─────

一辆奔驰 C280 轿车，在停车后起动再加速过程中间歇发生加速无力的现象，节气门接近全开时，车速不能超过 30km/h。有时关闭点火开关后，再打开点火开关，起动发动机，故障消失，加速正常，汽车行驶两三天后故障重现。随时间推移，此车出现该故障的频率越来越高，到维修厂家多次检修并更换过冷却液温度传感器、曲轴位置传感器及氧传感器等元件，故障并未排除。

─────【 故障诊断 】─────

1. 采用奔驰诊断仪（奔驰专用检测软件）检查，进入 OBD-Ⅱ诊断模式，首先读取发动机系统故障码，显示为 P0000，无故障；再进入数值分析，起动车辆进行路试，开始时行驶一切正常，然后以制动、停车、急加速方式反复试验多次以使故障出现，路试一个多小时后，故障现象重现，加速踏板踩到底车速仍低于 30km/h，再用奔驰诊断仪读取故障码时仍是 P0000 无故障。

2. 对数值进行分析：能正常行驶时，起动后观察点火提前角为 5.5°，发动机在 3 000r/min 时为 38°，加速正常有力；当故障出现时，怠速、加速点火提前角均显示负值，有时为 −6°，有时为–2°，但只要关闭点火开关，发动机熄火后，再起动点火提前角又回到5.5°，加速正常。

3. 影响点火提前角延迟的信号主要有爆震（KS）、冷却液温度（ECT）、进气温度（IAT）、曲轴位置（CKP）等传感器信号。经检测这些信号均正常，而且其中某一信号不良也不会使发动机控制单元在正常行驶中才执行备用功能，因此就要考虑控制单元损坏的可能性。

—————【故障排除】—————

故障现象反映了汽车在行驶中突然改变点火提前角，说明发动机控制单元已经控制不良。更换发动机控制单元后，故障彻底排除。

—————【故障原因】—————

通过对点火提前角的分析，发现发动机控制单元内部控制不良，由此导致了此故障现象。

—————【案例总结】—————

在维修奔驰等车辆时必须掌握一定的方法，首先用专用检测仪（奔驰专用检测软件）检测故障码，针对故障码读取相应的工作数据流（如无故障，也可读取数据流），奔驰专用检测软件检测的数据是原始数据也是最可靠的判断依据之一，通过数据流分析查询故障点，找到故障点后一般更换对应的配件总成即可修复。

任务二　奔驰诊断软件的使用

_____学时

班级：		组别：		姓名：		掌握程度： □ 优　□ 良　□ 及格　□ 不及格
实训目的		能够应用奔驰诊断仪读取故障码和数据流，完成对燃油泵的动作测试。				
安全注意 事项		注意设备及个人安全，规范操作。				
教学组织		每辆车按6位学员（组长1人、主修1人、辅修1人、观察员1人、评分1人、质检1人）作业，循环操作。				
操作步骤 演示						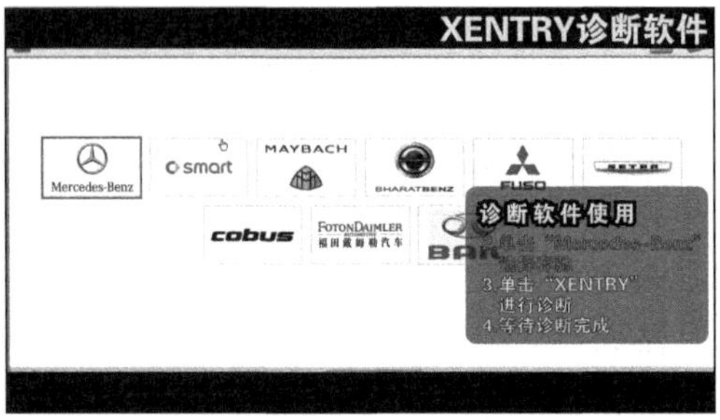 微课 奔驰诊断软件 的使用（一） 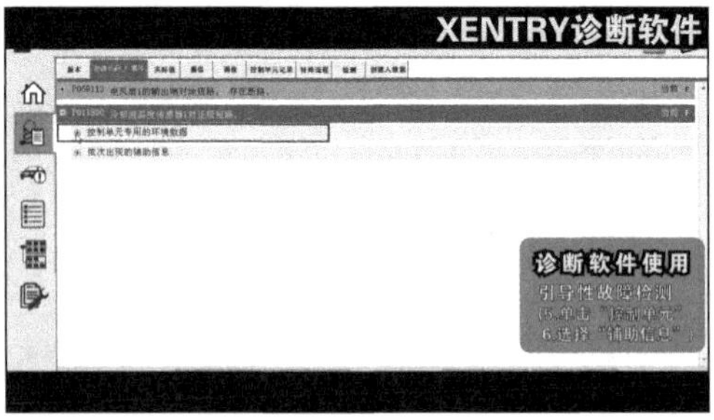 微课 奔驰诊断软件 的使用（二）
任务		作业记录内容　☑ 正确　☒ 错误				
前期准备		□ 1. 护具——整车防护七件套（车外三件套——前翼子板垫/左翼子板垫/右翼子板垫，车内四件套——转向盘套/脚垫/座椅套/变速器操作杆套），如图2-10和图2-11所示。  □ 图2-10　车外三件套 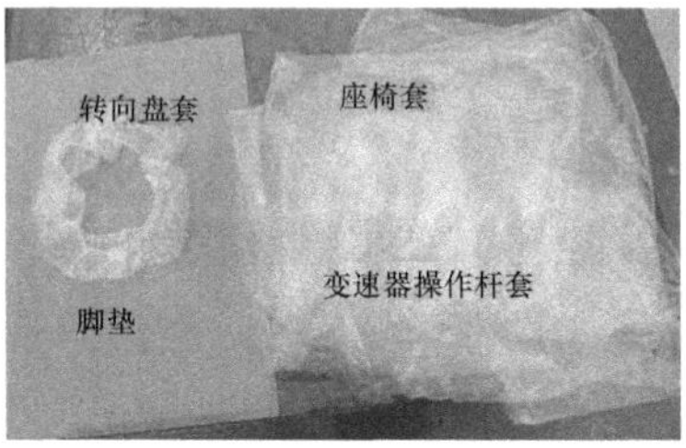　　　　□ 图2-11　车内四件套				

前期准备	□ 2．工具——诊断仪、万用表等，如图 2-12 和图 2-13 所示。 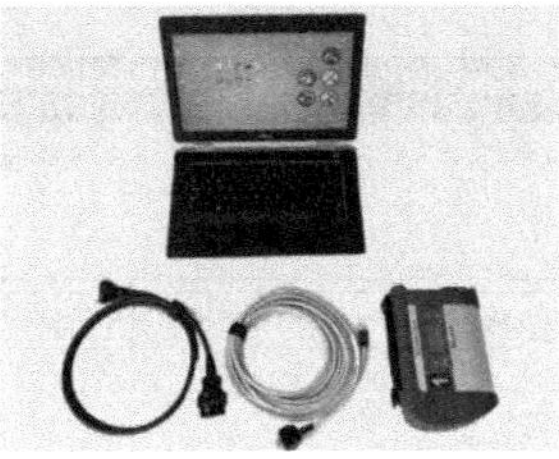 □ 图2-12　诊断仪 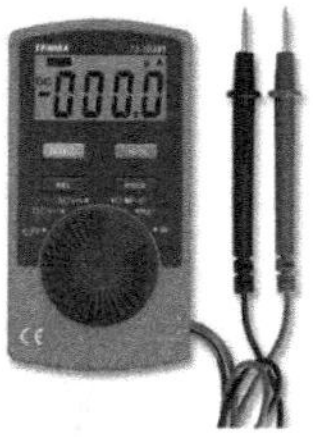　　　　□ 图2-13　万用表 □ 3．实训车辆——奔驰 C200。
安全检查	□ 1．检查车辆驻车制动器是否被拉起，变速器挡位是否处于空挡。 □ 2．举升车辆前，检查实训台架及周围是否安全。 □ 3．检测蓄电池的电量是否充足。
防护工作	人身防护如图 2-14 所示。车身防护如图 2-15 所示。车内防护如图 2-16 所示。（注①）  □ 图 2-14　人身防护 　　□ 图 2-15　车身防护 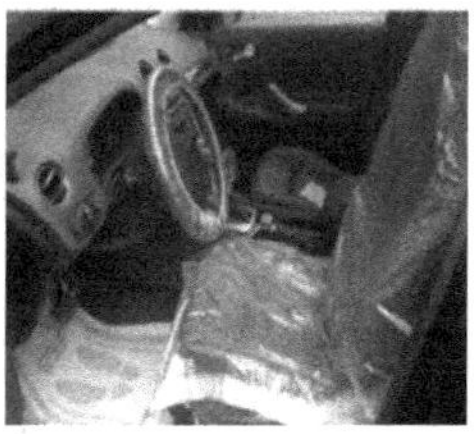　　□ 图 2-16　车内防护
操作流程	一、操作步骤 步骤一　进入 XENTRY 诊断系统 □ 1．关闭点火开关，连接好奔驰诊断仪与车辆诊断接口，再打开点火开关，打开诊断仪，选择界面如图 2-17 所示，双击 XENTRY 图标进入诊断系统。 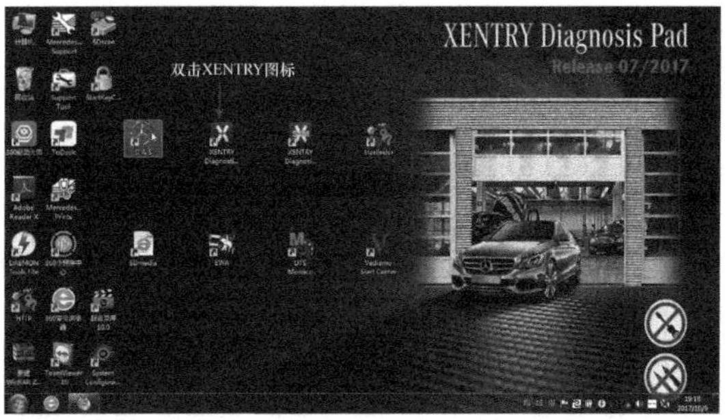 □ 图 2-17 选择界面

注①：安全防护要到位。

操作流程	□ 2. 按前面的介绍和界面提示的流程，单击"继续"先读取车辆信息，进入车辆诊断界面，如图2-18所示。  □ 图2-18 车辆诊断界面 □ 3. 当界面7个诊断工作步骤完成后，出现车辆控制模块界面，可以单击查询的控制模块后，再单击"开始快速测试"按钮来启动快速测试，也可以直接启动快速测试，如图2-19所示。  □ 图2-19 车辆控制模块界面 □ 4. 若界面出现各个控制单元并在后面出现"√"，则表示无故障；若显示"F"，则表示有故障存在（与前面的操作界面相同，故截取部分画面），如图2-20所示。 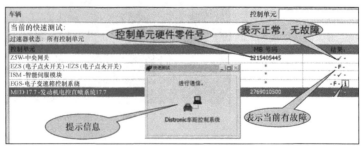 □ 图2-20 选择界面

操作流程	**步骤二　根据故障码读取数据流** □ 1．用专用诊断仪读取氧传感器故障码，如图2-21所示。  □ 图2-21　读取氧传感器故障码 □ 2．重新回到开始界面，按界面提示，选择λ值控制的实际值（见图2-22），然后对比实际值与标准值，如实际值不在标准值范围内，则判断该传感器失效。  □ 图2-22　读取氧传感器数据流 **步骤三　使用专家功能** □ 1．检测中，遇到故障无法排除时，可以使用专家功能。本任务以燃油泵不工作为例。 □ 2．打开诊断仪，按界面提示，选择"诊断功能"后，进入诊断界面，选择"功能视图"，再选择"动力产生"子系统，如图2-23所示。 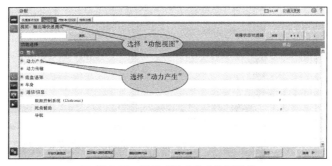 □ 图2-23　选择"动力产生"子系统

操作流程	□ 3. 当"动力产生"子系统下方出现"燃油泵"后，单击"继续"按钮，如图 2-24 所示。 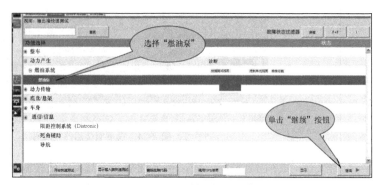 □ 图 2-24 选择"燃油泵" □ 4. 出现安全提示界面，如图 2-25 所示，需实操人员打开并仔细浏览其中内容，在□中打钩，单击"继续"按钮。 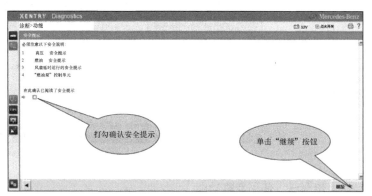 □ 图 2-25 确认已阅读安全提示 □ 5. 界面出现燃油供给的主要组成及数据流说明（控制原理），如图 2-26 所示，掌握该车燃油供给工作过程，单击"症状"选项卡。 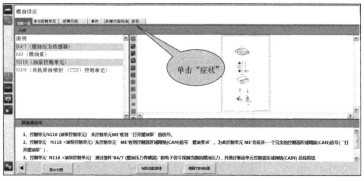 □ 图 2-26 燃油供给的主要组成及数据流说明

	□ 6．界面出现燃油供给系统的典型故障现象，可以选择一个或多个选项（比如选择"功能不可用"），单击"继续"按钮，如图 2-27 所示。 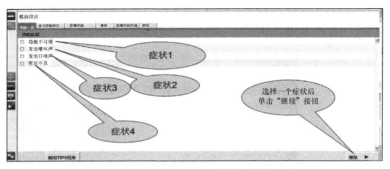 □ 图 2-27　燃油供给系统的典型故障现象 □ 7．界面中出现"要进行检测的列表"，按顺序选择所要进行的检测，比如单击选择"检测部件'N118（油泵控制单元）'的供电"，单击"继续"按钮，如图 2-28 所示。 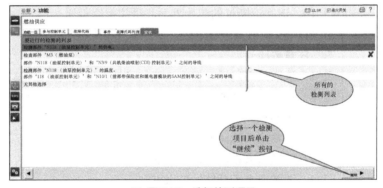 □ 图 2-28　选择检测项目 □ 8．界面如图 2-29 所示，显示需要检测部件及部件的位置，并询问检测的结果是否正常。如果是，需单击"是"按钮。  □ 图 2-29　"保险丝 42"检测结果确认

操作流程

操作流程	□ 9. 界面会出现下一个检测部件，比如油泵控制单元的检测，如图 2-30 所示，检测控制器的 1.1 脚和 1.2 脚的电压，应该为 11～15V，如果电压正常（使用万用表检测其实际值），则单击"是"按钮，诊断仪判断油泵控制器损坏，如果不在电压标准值范围内，则需要检查电源线路，并进行维修。 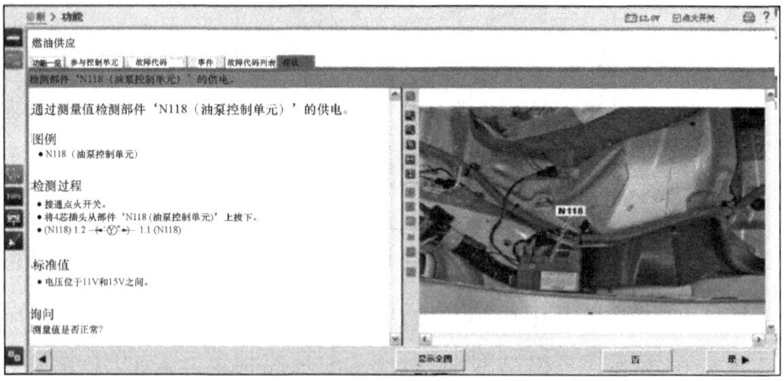 □ **图 2-30　油泵控制单元检测结果确认** □ 10．退回诊断仪的起始界面，再关闭诊断仪。 □ 11．6S 管理及车辆复位。 **二、注意事项** □ 1．读取故障码后，要确认该故障是否为偶发性故障。 □ 2．使用专家功能时，需要按界面提示逐步进行操作，才能发现故障点。 **三、技术要求** □ 1．要掌握故障码的读取方法。 □ 2．要掌握数据流的读取方法。 □ 3．要掌握专家功能的使用方法。
质量验收	□ 起动发动机，检查仪表故障灯是否点亮。　　　　　　　是 □　否 □ □ 检测不同工况下发动机工作是否正常。　　　　　　　是 □　否 □ □ 与施工单对照检查项目是否全部完成。　　　　　　　是 □　否 □ □ 检查工具、设备是否有遗漏在车上。　　　　　　　　是 □　否 □

检查与评估	
6S 管理规范 （教师点评）	□ 整理　□ 整顿　□ 清扫　□ 清洁　□ 素养　□ 安全
成绩评定 （学生总结）	小组对本人的评定：□ 优　□ 良　□ 及格　□ 不及格 学生本次任务成绩：□ 优　□ 良　□ 及格　□ 不及格

专业考核评分表——奔驰诊断软件的使用

班级：		组别：		组长：		日期：	

技术标准：1. 进入 XENTRY 诊断系统的方法；2. 读取故障码测试的方法；3. 专家功能操作方法

序号	作业项目	考核内容	考核标准	分值	扣分	得分
1	准备环节	正确选用工具	选错 1 次扣 1 分	4		
2		做好防护	少做 1 项扣 3 分	8		
3		做好安全检查	漏掉 1 项扣 2 分	8		
4	进入 XENTRY 诊断系统	连接诊断仪与车辆诊断接口，进入选择界面	不能正确操作扣 10 分	10		
5		读取车辆信息并快速测试	不能正确操作扣 10 分	10		
6	读取故障码	读取氧传感器故障码及数据流	不能正确操作扣 10 分	10		
7	专家功能使用	选择"诊断功能"	不能正确操作扣 10 分	10		
8		进入"功能视图"	不能正确操作扣 10 分	10		
9		读取安全提示	不能正确操作扣 10 分	10		
10		选择故障症状，再选择检测流程	不能正确操作扣 10 分	10		
11	项目实训时间		0～20min　　　　　10 分 ＞20～25min　　　　8 分 ＞25～30min　　　　5 分 ＞30min　　　　　　0 分	10		

质检员：		评分员：		合计得分	

教师点评：

团队合作： 优秀 □ 良好 □ 及格 □　　　　　　　**分工明确：** 优秀 □ 良好 □ 及格 □

专业标准： 优秀 □ 良好 □ 及格 □　　　　　　　**操作规范：** 优秀 □ 良好 □ 及格 □

教师签字：	年　　月　　日

注：实训未按规范操作，导致出现设备损坏或人身伤害，本次考核记 0 分。

任务一　奔驰 WIS 系统认知

_____学时

班级：	组别：	姓名：	掌握程度： □ 优 □ 良 □ 及格 □ 不及格

一、工作任务

1. 能进行奔驰车底盘号筛选和车型配置选择。

2. 能进行特许服务中心维修信息相关文件的查找。

3. 掌握奔驰车各个系统准确的查找方法。

二、项目认知

1. WIS 的基本认知

（1）定义：WIS 是指_____，主要用于_____。

（2）WIS 可以进行_____、_____和_____的查询。

2. 车型底盘号的含义（查询资料，完成相应的填空）

奔驰车系的底盘号由 17 位数字组成，根据车辆生产地的不同，底盘号有不同的规格。

（1）欧洲版式底盘号码"WDD 222 1 65 1 A 123456"

WDD 222 1 65 1 A 123456
→ 生产序列号
→ 生产厂识别
→ 方向舵识别（此处为左舵）①
→ 车款识别（此处为400）②
→ 车辆类型（此处为长轴距）③
→ 车型识别（此处为S级）
→ 制造厂代码（另有WDC、4JG、LE4等）

① 方向舵识别。1：左舵；2：_____舵。

② 车款识别。

57：400 Hybrid；62：320；63：500 PLUG-IN；65：400；67：400 4Matic；76：600；77：63AMG；78：63AMG 4Matic；79：65AMG；82：500；84：500 4Matic。

③ 车辆类型。

1：长轴距；0：_____；2：旅行版；3：_____；4：敞篷跑车。

（2）国产奔驰底盘号"LE4FTM8K85A 900882"。

LE4 是_____；		F 是_____；	
T 是_____；		M 是_____；	
8 是_____；		K 是_____；	
8 是_____；		5 是_____；	
A 是_____；		900882 是_____。	

3．WIS 文档类型中常用代码缩写含义

WIS 文档类型常用代码缩写的含义如表 3-1 所示，请在括号内填写对应的中文含义。

□ 表 3-1　WIS 文档类型常用代码缩写含义

代码	英文含义	中文
SI	Service information	（　　　　）
SN	Introduction into service manuals	（　　　　）
SM	Service measures and instructions	专案活动
AS	Safety information, overall table of contents	安全资讯
AH	General information, quality information	一般资讯
AP	Maintenance, care, emission testing safety	（　　　　）
AF	Trouble diagnosis	（　　　　）
AD	Diagnosis	（　　　　）
AR	Testing and repair work	测试修理
AN	Retrofitting and conversion (special equipment)	改装设备
AZ	Retrofitting and conversion (accessories)	（　　　　）

4．WIS 界面结构

（1）在图 3-1 所示的 WIS 界面中，a 是_____识别栏，在上部区域始终可见；b 是_____栏，通过其中的图标可以随时在不同的模块之间进行切换；c 是_____栏，通过其中的图标调用相关功能；d 是_____区域，根据显示模块不同，会显示不同的操作选项；e 是_____栏，在每个模块中都有专用的控制栏用于对文档的选择。

□ 图 3-1　WIS 界面结构

（2）车辆数据只有在_____同样可以访问时才能根据_____完全识别。如果没有 EPC（产品电子代码）的接口可用，则只能分析型号名称信息。

（3）c 区域的应用：通过图标显示，并可以从每个模块中随时调用相关功能。标准功能通常直接针对输入的车辆数据。

（4）d 区域的应用：根据模块栏中选择的模块显示不同的操作选项。如果选取 WIS 模块，出现初始界面后需进一步完成以下操作：确定查找标准→开始查找→显示文件。

（5）车辆身份识别具体步骤。通过内部车辆识别号（欧盟采用 FIN）确定_____
_____。

① 通过下拉菜单选择需要的_____。

② 选择或输入车辆识别号有几种不同的方法，分别是通过_____、通过_____、通过_____。

·············· ◻ 案例分享 ◻ ··············

————【故障现象】————

一辆行驶里程约 79 000km 的奔驰 C200 轿车，用户反映，该车发动机警告灯报警，变速器操作杆不能从 P 挡移除，车辆不能行驶了，仪表显示屏不断出现 ESP 功能、预防安全系统功能、胎压检测功能停止的信息。

————【故障诊断】————

1. 打开点火开关检查，发现仪表显示 ESP 功能、预防安全系统功能、胎压检测功能停止工作，并不断循环出现提示信息。

2. 使用诊断仪检测，报出底盘 CAN（控制器局域网络）关闭、右前安全带检测不到的故障，多个控制模块报 CAN 系统故障，且这些故障码均清除不掉。

3. 诊断思路是先简单后复杂，因为预防安全系统功能停止和右前安全带检测不到，而预防安全系统功能停止检查无从下手，所以将检查重点放在具体实物右前安全带故障上。

4. 根据故障指导检查供电，测量供电 F50 号 50A 熔丝的电压为 12.36V，熔丝无断路现象，正常；测量右前安全带插接件的供电电压为 12.36V，正常；测量 CAN 线与 CAN 分配器 X30/30 电线的阻值为 0.2Ω，正常；测量 CAN 的电压为 2.4～2.6V，符合要求。

5. 但是发现在拔下右前安全带插接件测量电压时，仪表显示屏只有预防安全系统功能关闭，其他功能恢复正常。使用诊断仪检测发现右前安全带仍检测不到，故障码变为储存故障并且可以消除。

6. 连接右前安全带插接件，仪表显示屏又出现循环报警：ESP 功能、预防安全系统功能、胎压检测功能停止。再次拔下右前安全带插接件，仪表显示屏仍只有预防安全系统功能关闭。

7. 通过 WIS 系统找到资料图，其中拓扑图显示右前安全带模块通过网关与 ESP 控制单元、发动机控制单元通信，基本确定是右前安全带模块自身损坏。

────────── 【故障排除】──────────

更换右前安全带模块，故障排除。

────────── 【故障原因】──────────

右前安全带模块自身损坏，使底盘CANX30/30分配器上的CAN信号失真，造成发动机警告灯报警等一些故障现象。

────────── 【案例总结】──────────

WIS系统可以用于了解、熟悉车辆各部分的结构和工作原理，从而帮助分析、判断、排查故障。本案例在检测的过程中，发现拔插右前安全带插接件时的故障现象有变化，再加上WIS系统提供的拓扑图佐证，判断出右前安全带模块损坏，从而避免了检查发动机故障的弯路。

任务二 奔驰 WIS 系统操作

_____学时

班级：		组别：		姓名：		掌握程度： □ 优 □ 良 □ 及格 □ 不及格
实训目的		掌握 WIS 系统的操作步骤及注意事项。				
安全注意 事项		注意设备及个人安全，规范操作。				
教学组织		每辆车按 6 位学员（组长 1 人、主修 1 人、辅修 1 人、观察员 1 人、评分 1 人、 质检 1 人）作业，循环操作。				
操作步骤 演示		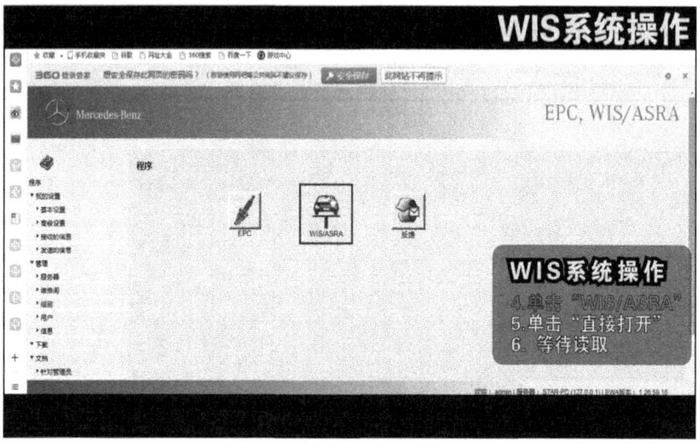 微课 奔驰WIS系统操作				
任务		作业记录内容　☑ 正确　☒ 错误				
前期准备		□ 1. 护具——整车防护七件套（车外三件套——前翼子板垫/左翼子板垫/右翼 子板垫，车内四件套——转向盘套/脚垫/座椅套/变速器操作杆套），如图 3-2 和 图 3-3 所示。 □ 2. 工具——诊断仪等，如图 3-4 所示。  □ 图 3-2　车外三件套 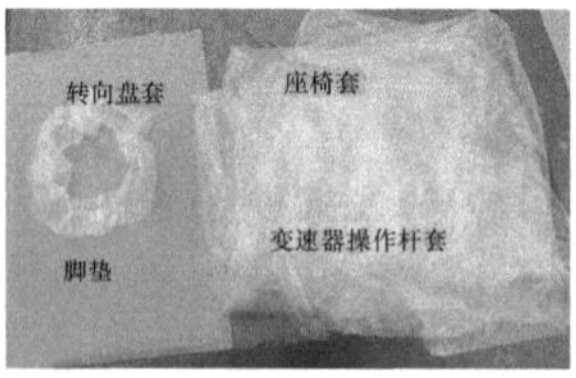　　　□ 图 3-3　车内四件套 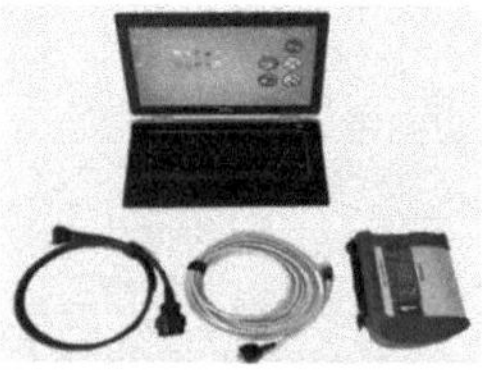　　　□ 图 3-4　诊断仪 □ 3. 实训车辆——奔驰 C200。				
安全检查		□ 1. 检查车辆驻车制动器是否被拉起，变速器挡位是否处于空挡。 □ 2. 在车辆前后放置车轮挡块。 □ 3. 检测蓄电池的电量是否充足。				

防护工作	人身防护如图3-5所示。车身防护如图3-6所示。车内防护如图3-7所示。（注①）  □ 图3-5　人身防护　　□ 图3-6　车身防护　　□ 图3-7　车内防护
操作流程	**一、操作步骤** □ 1．连接诊断仪与车辆诊断座，打开诊断仪，双击桌面快捷方式进入WIS/ASRA界面，如图3-8所示。 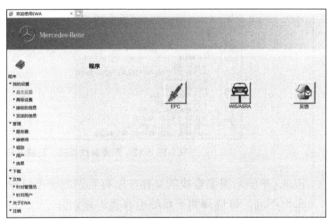 □ 图3-8　WIS/ASRA界面 □ 2．单击WIS/ASRA图标，如图3-9所示。 □ 3．在图3-10所示的"确定车辆数据"界面输入需要查找资料的底盘号/车辆识别号。 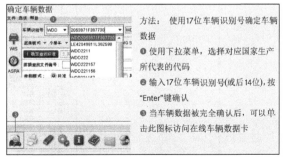 □ 图3-9　WIS/ASRA图标　　□ 图3-10　"确定车辆数据"界面

注①：安全防护要到位。

操作流程	4. 在上部"车辆识别号"选项框中选择相应底盘号（此处以 WDD222176 为例进行操作），如图 3-11 所示。 车辆识别号 WDD ∨ 222176 □ 图 3-11　选择相应底盘号 5. 选择需要的查找模式——标准/全文查找/文件标题/其他，如图 3-12 所示。 6. 根据查找模式，选择关键词和组别，如图 3-12 所示。 □ 图 3-12　选择查找模式、关键词和组别 7. 根据所需要查找的文件在所有组别的子项目中筛选，如图 3-13 所示（视车型不同，可选择的子系统也有些许差别）。 □ 图 3-13　查找界面

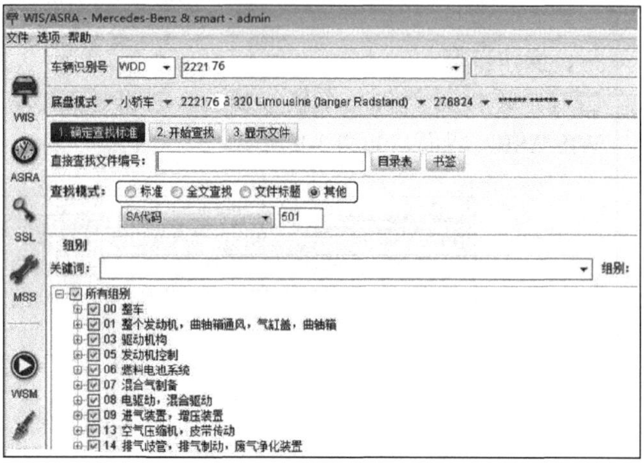

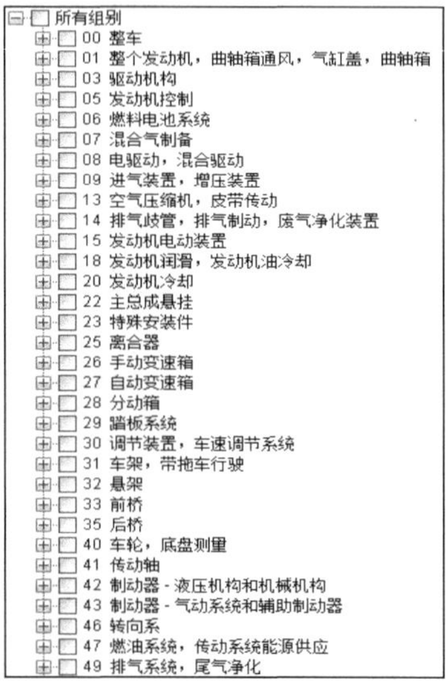

操作流程	□ 8．以车轮拆装文件为例进行查找，选择 40 组"40.10 车轮，轮胎"文件，并在右侧"信息类型"中选中"维修"，如图 3-14 所示。  □ 图 3-14　车轮界面 1 □ 9．单击"2.开始查找"按钮，如图 3-15 所示。  □ 图 3-15　"2.开始查找"按钮 □ 10．此时的界面将显示有关的文件标题、组别、信息、状态及文件编号等。选择"拆卸/安装车轮，如有必要，进行换位"的文件并打开，如图 3-16 所示。  □ 图 3-16　车轮界面 2

操作流程	□ 11．按界面提示的要求操作，但要注意界面最下面的表格，理解表格文件中的注意信息，以此为技术标准/维修依据，对车辆进行维修。 □ 12．6S 管理及车辆复位。 **二、注意事项** □ 1．注意蓄电池电量要充足。 □ 2．注意轮胎拆装的流程及力矩。 **三、技术要求** □ 1．插座要连接牢固。 □ 2．掌握每个操作界面的含义。 □ 3．掌握 WIS 系统的规范使用。
质量验收	□ 是否会打开奔驰 WIS 系统的操作界面。　　　　　　　是 □　否 □ □ 是否能通过 WIS 系统正确输入底盘号。　　　　　　是 □　否 □ □ 是否能找到相应的组别号。　　　　　　　　　　　　是 □　否 □ □ 是否能准确找到轮胎的拆装文件。　　　　　　　　　是 □　否 □ □ 是否能查到轮胎拆装的标准流程及轮胎扭力。　　　　是 □　否 □
检查与评估	
6S 管理规范 （教师点评）	□ 整理　　□ 整顿　　□ 清扫　　□ 清洁　　□ 素养　　□ 安全
成绩评定 （学生总结）	小组对本人的评定：□ 优　　□ 良　　□ 及格　　□ 不及格 学生本次任务成绩：□ 优　　□ 良　　□ 及格　　□ 不及格

专业考核评分表——奔驰 WIS 系统操作

班级：		组别：	组长：	日期：		
技术标准：奔驰 WIS 系统的操作方法及流程						
序号	作业项目	考核内容	考核标准	分值	扣分	得分
1	准备环节	对车辆做好防护	少做 1 项扣 3 分	4		
2		做好安全检查	漏掉 1 项扣 2 分	6		
3	操作流程	连接车辆及诊断仪，进入 WIS 系统	根据熟练程度相应地扣分，不能进入则扣 20 分	20		
4		进入"确定车辆数据"界面并输入车辆识别号/底盘号	根据熟练程度相应地扣分，不能进入则扣 20 分	20		
5		进入相应组别查询界面	根据熟练程度相应地扣分，不能进入则扣 10 分	10		
6		打开轮胎查询文件	根据熟练程度相应地扣分，不能打开则扣 20 分	20		
7		能读懂并运用表格中的注意事项	根据掌握程度相应地扣分	10		
8		项目实训时间	0～20min　　　　　10 分 >20～25min　　　　8 分 >25～30min　　　　5 分 >30min　　　　　　0 分	10		
质检员：		评分员：		合计得分		
教师点评： 团队合作：优秀 □ 良好 □ 及格 □　　　　　分工明确：优秀 □ 良好 □ 及格 □ 专业标准：优秀 □ 良好 □ 及格 □　　　　　操作规范：优秀 □ 良好 □ 及格 □						
教师签字：　　　　　　　　　　　　　　　　　　　　　　年　　月　　日						

注：实训未按规范操作，导致出现设备损坏或人身伤害，本次考核记 0 分。

实训项目四　奔驰发动机认知及拆装

任务一　发动机结构认知

________学时

班级：	组别：	姓名：	掌握程度： □ 优 □ 良 □ 及格 □ 不及格

一、工作任务

1．了解发动机型号的含义及发动机控制系统。

2．熟悉奔驰发动机的特殊结构。

3．掌握奔驰发动机的基本维护方法。

二、项目认知

1．发动机特性、型号认知

奔驰 M271 EVO 发动机装配在奔驰 C 级和 E 级轿车上，它将对经济性和环保性的要求与舒适性结合在一起，

它具有以下优点：① 通过增加功率和扭矩提高响应性；② 通过平稳运转提高舒适性；③ 降低燃油消耗并减少二氧化碳排放；④ 符合欧Ⅴ排放标准。

（1）M271 EVO 发动机的特性包括：采用改进的________装置、低噪声________传动、________机油泵、高压________系统、先进热量管理系统、废气增压器。M271 EVO 的充气系统已从________压器变为废气________增压器，因此进气道进行了彻底改装，噪声及排放得到了进一步改善。

（2）M271 系列发动机中“141kW/192HP in C 230 Kompressor”（机械增压器）的含义：__________；缸体使用________，如图 4-1（a）所示，缸套使用铸铁，可以维修一次；发动机被设计成基础排量________L。发动机的命名不再依照排气量，而是根据发动机________，机械增压器［见图 4-1（b）］相对于上一代发动机效率更高，而且使__________扭矩的输出更加理想。

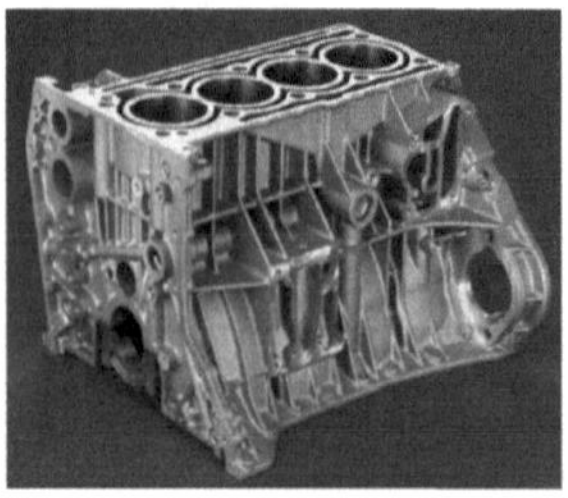

（a）发动机缸体

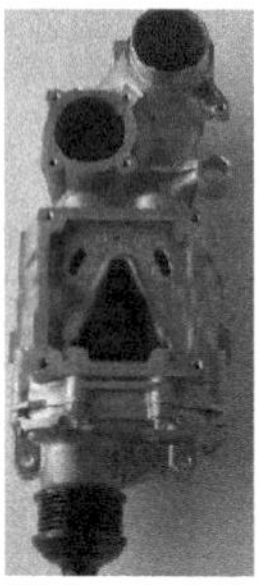

（b）机械增压器

□ 图 4-1　发动机缸体及增压器

2. 发动机活塞认知

奔驰使用的 KE 型和 DE 型发动机活塞（见图 4-2），它们的区别是，KE 型活塞的高度是_____cm，而 DE 型活塞的高度是_____ cm，为使得浓混合气更加靠近_____，所以 DE 型活塞改变了顶部形状，优点是_____。

（a）KE 型活塞

（b）DE 型活塞

□ 图 4-2　奔驰发动机活塞

3. 发动机控制系统（见图 4-3）认知

N3 / 10 是_____；　M16 / 6 是_____；　B28 / 6 是_____；
B28 / 7 是_____；　B28 / 15 是_____；　S43 是_____；
Y101 是_____；　Y84 是_____；　B70 是_____；
B6 / 15 是_____；　B6 / 16 是_____；　B4 / 6 是_____；
B17 / 8 是_____；　B11 / 4 是_____；　Y49 / 1 是_____；
Y49 / 2 是_____；　T1 / 1-4 是_____；　Y76 / 1-4 是_____；
Y31 / 5 是_____。

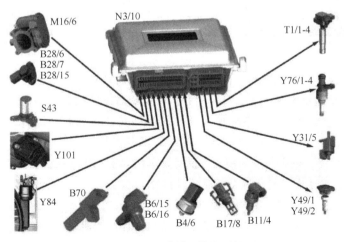

□ 图 4-3　发动机控制系统

4．奔驰 271 系列发动机保养（以下均指维修手册规定的更换周期）

火花塞更换周期为_____；空气滤芯更换周期为_____；汽油滤芯更换周期为_____；机油更换周期为_____。

······□ 案例分享 □······

───【故障现象】───

一辆 2014 年产奔驰 C200 轿车，搭载型号为 M271 E18 ML 的发动机，行驶里程 9.7 万 km。用户反映该车起动困难，而且起动后发动机内部有异响，加速时缸体内部有敲击声，仪表板上发动机故障灯点亮，检查机油液位，发现已到下限。

───【故障诊断】───

1．车辆能起动，判断出起动系统正常。

2．用奔驰专用诊断仪检测发动机控制单元，发现故障码"P034062——进气凸轮轴（气缸列 1）的位置传感器存在电气故障，信号比较有故障。"，如图 4-4 所示。故障码可以清除，但重新起动后还会出现。

□ 图 4-4　读取故障码

3．检查进气凸轮轴位置传感器的插接器和线束，均正常。

4．拆解气门室盖检查配气与正时机构时，发现机油油泥很多，可见机油选用有问题。

5．盘转曲轴时发现正时链条间隙较大，且曲轴和凸轮轴正时不同步，正时链条明显拉长。

6．结合油泥较多、链条拉长的现象，说明该车经常使用劣质机油，由此推测异响是由于润滑不好而产生磨损过度、间隙过大造成的。

7．测量 4 个气缸的缸压，发现 1 缸和 3 缸的缸压明显低于正常的 1.35MPa。

8．拆解发动机并检查，发现曲轴的大、小轴瓦均存在不同程度的磨损，连杆瓦严重磨损（见图 4-5），而且 1 缸、3 缸有明显的拉缸现象。

□ 图4-5　严重磨损的连杆瓦

● ——【故障排除】——— ●

对发动机进行大修作业，按照维修手册的技术要求，对发动机进行机械加工、更换部分零部件、按工艺要求装配发动机并添加各类油液，试车后一切正常，确认故障彻底排除。

● ——【故障原因】——— ●

该车之前更换的机油质量不符合奔驰原厂要求，导致发动机润滑效果差，逐步造成曲轴轴瓦过度磨损、拉缸等现象，从而出现发动机异响。并且因正时链条的拉长造成曲轴和凸轮轴正时位置产生偏移，从而使发动机故障灯点亮。正时的偏移和缸压的不足，使得发动机起动困难。

● ——【案例总结】——— ●

正规品牌的车辆无论材质还是工艺，大都比较可靠，但正常的保养是必不可少的，一定要树立正确的车辆养护意识，选择使用符合要求的产品，以免因小失大。

任务二　奔驰传动皮带与正时链条拆装

_____学时

班级：		组别：		姓名：	掌握程度： □ 优 □ 良 □ 及格 □ 不及格
实训目的		掌握奔驰发动机传动皮带、气门室盖及正时链条的拆装操作步骤及注意事项。			
安全注意 事项		注意设备及个人安全，规范操作。			
教学组织		每辆车按6位学员作业（组长1人、主修1人、辅修1人、观察员1人、评分1人、质检1人）循环操作。			

操作步骤 演示	 拆卸流程　拆卸流程　拆卸传动皮带 微课 传动皮带拆装 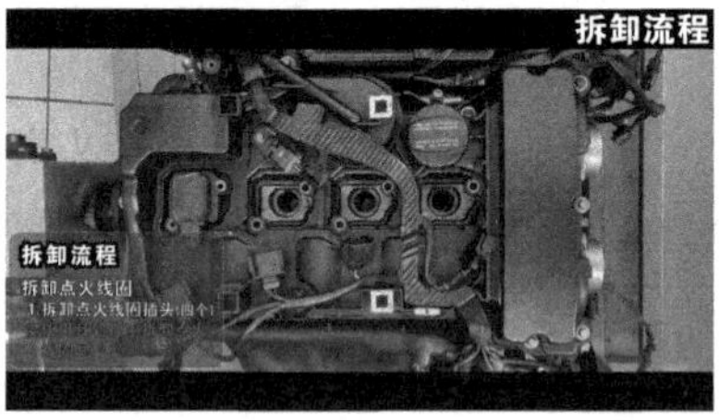 拆卸流程　拆卸点火线圈 微课 气门室盖拆装

任务	作业记录内容　☑ 正确　☒错误
前期准备	□ 1. 护具——整车防护七件套（车外三件套——前翼子板垫/左翼子板垫/右翼子板垫，车内四件套——转向盘套/脚垫/座椅套/变速器操作杆套），如图4-6和图4-7所示。 □ 2. 工具——奔驰发动机M272（V6发动机）、拆装专用工具、套装工具、发动机实训台（用于固定拆下的发动机）、工具架及设备（用于在操作中存放、管理各种工具）等，如图4-8～图4-12所示。  转向盘套　座椅套 脚垫　变速器操作杆套 □ 图4-6　车外三件套 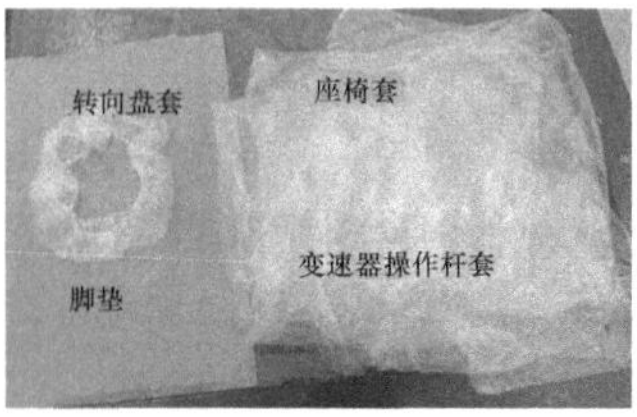　　□ 图4-7　车内四件套 　　□ 图4-8　奔驰发动机

前期准备	□ 3. 耗材——抹布（用于整个实训过程，完成对实训器材的清洁）等，如图 4-13 所示。 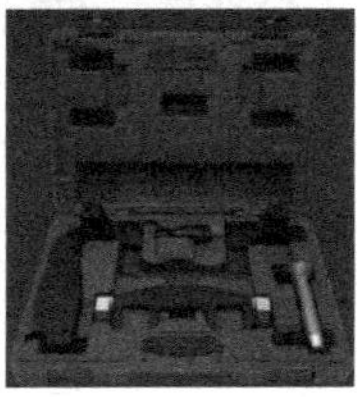 □ 图 4-9　拆装专用工具 　　□ 图 4-10　套装工具 　　□ 图 4-11　发动机实训台  □ 图 4-12　工具架及设备 　　　　□ 图 4-13　软布 □ 4. 实训车辆——奔驰 C200。
安全检查	□ 1. 检查发动机的外壳结构是否有破损现象，检查发动机是否缺少配件等。 □ 2. 检查发动机实训台是否损坏，检查实训台周围是否安全。 □ 3. 检查工具箱拆装工具是否有损坏或丢失情况，并记录会汇报给指导老师。
防护工作	人身防护如图 4-14 所示。车身防护如图 4-15 所示。车内防护如图 4-16 所示。（注①）  □ 图 4-14　人身防护 　　□ 图 4-15　车身防护 　　□ 图 4-16　车内防护
操作流程	**一、操作步骤** **步骤一　拆装传动皮带** □ 1. 检查传动皮带是否有裂纹、磨损过度或油污，如图 4-17 所示。 □ 2. 查看并记住皮带走向（用手画出走向或用手机拍下皮带串绕走向），如图 4-18 所示。 □ 3. 将张紧轮拆装工具插在图 4-18 所示张紧轮调整螺栓 3 旁边的缺口处，并逆时针转动，将张紧轮松开，再将皮带取出，如图 4-19 所示。在取下的皮带上找到其型号，并查询皮带型号的含义。

注①：安全防护要到位。

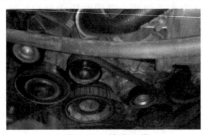

□ 图 4-17　检查皮带

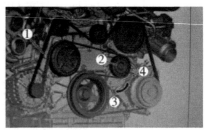

1—皮带；2—张紧轮；
3—张紧轮调整螺栓；4—张紧轮固定螺栓
□ 图 4-18　皮带走向

□ 4. 更换皮带前，应先核对皮带型号（见图 4-20），并按照之前记下或拍下的皮带走向，把皮带按各自对应的带轮进行安装。

操作流程

□ 图 4-19　取出皮带

□ 图 4-20　核对皮带型号

步骤二　拆装发动机气门室盖

□ 1. 拆卸 4 个缸的点火线圈，如图 4-21 所示。
□ 2. 将废气管两个螺栓拆除，如图 4-22 所示。

□ 图 4-21　拆点火线圈

□ 图 4-22　拆废气管螺栓

□ 3. 拆卸凸轮轴位置传感器，如图 4-23 所示。
□ 4. 将发动机线束卡子用一字螺钉旋具撬开，松开线束，如图 4-24 所示。
□ 5. 将气门室盖的紧固螺栓依次拆下后，取下气门室盖（见图 4-25），拆卸所有的密封件（密封圈或密封垫）。
□ 6. 将密封垫（圈）等需更换的配件进行新旧对比，如图 4-26 所示。
□ 7. 清洗气门室盖密封垫槽，并安装新的密封垫，如图 4-27 所示。
□ 8. 按照拆卸的相反顺序安装气门室盖，如图 4-28 所示。

操作流程	 □ 图 4-23　拆凸轮轴位置传感器  □ 图 4-25　气门室盖  □ 图 4-27　换新密封垫	 □ 图 4-24　松开发动机线束 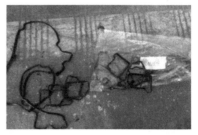 □ 图 4-26　新旧配件对比  □ 图 4-28　安装气门室盖

步骤三　装配发动机正时链条（该发动机已预先拆解过的，现在需装配）

□ 1. 将气缸体转至垂直向下的位置（缸底朝上），如图 4-29 所示。

□ 2. 装上清洗过的正时链条滑轨（或新配件），如图 4-30 所示。

□ 图 4-29　气缸体摆放

□ 图 4-30　装正时链条滑轨

□ 3. 安装正时链条，注意有铜链节一侧朝外，如图 4-31 所示。

操作流程

□ 图 4-31　装正时链条

□ 4. 将曲轴上的半圆键 8 对准曲轴箱上的正时标记 9，平衡轴上的平衡重缺口 6 对准气缸体上的正时标记 7，如图 4-32 所示。

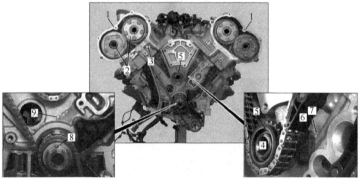

1—凸轮轴调节器顶部标记；2—凸轮轴调节器对齐标记；3—链条挡板定位销；4—平衡轴；
5—平衡轴链轮；6—平衡重缺口；7—气缸体正时标记；8—半圆键；9—曲轴箱正时标记

□ 图 4-32　曲轴及平衡轴标记

□ 5. 链条上共有 4 个铜链节，其中两个分别安装在曲轴正时链轮和平衡轴正时链轮上。安装链条时，铜链节对准曲轴正时链轮前端凹槽内的一个凸起，在平衡轴的链轮上，铜链节对准图 4-33 所示的 3 个印痕位置。

□ 6. 装配正时箱盖及发动机气缸盖，并装配凸轮轴调节器。安装凸轮轴调节器时要注意观察凸轮轴调节器上面的标记，左侧进气凸轮轴调节器上有标记 L，右侧有标记 R，安装时不要装错，如图 4-34 所示。

□ 图 4-33　链条安装标记

操作流程	□ 7．在调节器的后面，与凸轮轴之间也有标记要对正。凸轮轴上有孔，在装配时要将凸轮轴调节器上的定位销插入孔中。 □ 8．在凸轮轴轴颈和凸轮轴调节器的轮毂外侧各有一个轴颈标记，在装配时要让这两个标记对齐（见图4-35），如果不能对齐，可以在凸轮轴的后端用TORX T60 的套筒及 T 形扳手转动凸轮轴。这项工作最好由两个人合作进行。  1—左侧凸轮轴调节器定位销标记；2—L 代表左侧标记；3—左侧凸轮轴调节器朝上正时标记； 4—左侧凸轮轴调节器与气缸盖平行标记；5—右侧凸轮轴调节器与气缸盖平行标记；6—右侧凸轮轴调节器朝上正时标记；7—R 代表右侧标记；8—右侧凸轮轴调节器定位销标记 □ 图 4-34　进气凸轮轴调节器标记 □ 9．进/排气凸轮轴调节器装配完成，如图4-36所示。 　　 □ 图 4-35　凸轮轴轴颈标记和　　　　□ 图 4-36　进/排气凸轮调节器装配完成 　　　　凸轮轴调节器标记对正 □ 10．装配脉冲轮。左、右凸轮轴前面各有一个脉冲轮，排气凸轮轴的代表符号是 A，进气凸轮轴的代表符号是 E，所以在 4 个脉冲轮上，左边的标记是AL、EL，右边的标记是 AR、ER。在进气脉冲轮的边缘有一个圆点，排气脉冲轮上有两个圆点。在装配时，进气脉冲轮上的一个圆点应位于排气脉冲轮的两个圆点中间，如图4-37所示。 　　 进/排气脉冲轮的标记 （圆点）对齐 其他标记 （a）左侧　　　　　　　（b）右侧 □ 图 4-37　装配脉冲轮

操作流程	□ 11. 对好正时标记后将中心阀安装到位。注意中心阀的拧紧方向为图 4-38 中箭头所示方向的反向（箭头方向为松开中心阀的方向），拧紧力矩为 145N·m。至此奔驰 M272 发动机正时装配完成。  □ 图 4-38　中心阀安装 **二、注意事项** □ 1. 在发动机拆装过程中应保持清洁。 □ 2. 发动机的固定要牢固可靠。 □ 3. 注意整个过程中的安全操作。 **三、技术要求** □ 1. 掌握发动机皮带的拆装流程。 □ 2. 掌握气门室盖拆装流程。 □ 3. 掌握正时链条的安装流程。（注②）
质量验收	□ 检查传动皮带的质量及是否磨损。　　　　　□ 是　□ 否 □ 检查拆装顺序是否合理、零部件摆放是否整齐。　□ 是　□ 否 □ 能否找到各个轴上的正时标记。　　　　　　□ 是　□ 否 □ 检查是否全部标记都已对准。　　　　　　　□ 是　□ 否 □ 检查拆装扭力是否符合手册要求。　　　　　□ 是　□ 否

检查与评估	
6S 管理规范 （教师点评）	□ 整理　□ 整顿　□ 清扫　□ 清洁　□ 素养　□ 安全
成绩评定 （学生总结）	小组对本人的评定：□ 优　□ 良　□ 及格　□ 不及格 学生本次任务成绩：□ 优　□ 良　□ 及格　□ 不及格

注②：奔驰发动机换正时链条时一般会使用到换链条的专用工具。

专业考核评分表——奔驰传动皮带与正时链条拆装

班级：		组别：	组长：	日期：		
技术标准：1. 发动机皮带拆装流程；2. 气门室盖的拆装流程；3. 正时链条的装配流程						
序号	作业项目	考核内容	考核标准	分值	扣分	得分
1	准备环节	正确选用工具	选错 1 次扣 1 分	2		
2		做好防护	少做 1 项扣 2 分	4		
3		做好安全检查	漏掉 1 项扣 2 分	4		
4	发动机皮带的拆装环节	检查皮带，记录皮带的走向，使用工具拆卸张紧轮并拆卸皮带	未记录皮带走向扣 5 分，拆前未定位扣 5 分，不能拆下扣 15 分	15		
5		核对皮带型号，并能正确安装皮带	未核对型号扣 5 分，不能正确安装扣 5 分	10		
6	气门室盖拆装环节	正确拆卸	点火线圈未按要求拆卸扣 3 分，凸轮轴位置传感器未按要求拆下扣 3 分，不能拆下气门室盖扣 10 分	10		
7		正确安装并对零部件进行检查	不能正确安装扣 10 分	5		
8	正时链条装配环节	放置好发动机，装上清洗过的正时链条滑轨	放置位置错误扣 5 分，未清洗链条滑轨扣 5 分	10		
9		分辨链条的里外面并查找正时标记	里外面判断错误扣 5 分，找不到正时标记扣 5 分	10		
10		安装进排气凸轮轴及正时链条	重点查平衡轴安装位置标记、进气凸轮轴正时标记、排气凸轮轴正时标记，以上记号每错 1 项扣 10 分	20		
11	项目实训时间		0～120min　　　　　　10 分 ＞120～150min　　　　8 分 ＞150～180min　　　　5 分 ＞180min　　　　　　　0 分	10		
质检员：		评分员：		合计得分		

教师点评：

团队合作：优秀 □ 良好 □ 及格 □ 　　　　　　分工明确：优秀 □ 良好 □ 及格 □

专业标准：优秀 □ 良好 □ 及格 □ 　　　　　　操作规范：优秀 □ 良好 □ 及格 □

教师签字：　　　　　　　　　　　　　　　　　　　　　　　　年　　　月　　　日

注：实训未按规范操作，导致出现设备损坏或人身伤害，本次考核记 0 分。

奔驰机油更换流程及保养灯复位

任务一　奔驰机油认知

_____学时

班级：	组别：	姓名：	掌握程度： □ 优 □ 良 □ 及格 □ 不及格

一、工作任务

1. 了解奔驰认证机油的类型。

2. 熟悉奔驰机油的选择及认证标准。

3. 掌握机油更换流程及保养灯复位方法。

二、项目认知

1. 奔驰原厂认证机油（查阅资料，完成下面的填空）

奔驰机油认证标准主要有 MB229.1、MB229.3、MB229.31、MB229.5、MB229.51、MB229.52、MB229.6、MB229.61、MB229.71、MB229.72。

MB229.1：该标准要求所测机油在指定台架试验中，换油周期为 15 000～30 000km。MB229.1 以 ACEA（欧洲标准）A3/B3 标准为基础，适用于_____车型。

MB229.3：换油周期在 20 000～40 000km 或_____年。以 ACEA A3/B4 标准为基础，符合 1998 年后的发动机最基本润滑油品级要求，且与 MB229.1 比较至少提高 1% 的燃油效率，此品级油品高温高剪切（HTHS）需大于 3.5mPa·s，不适用于配备 DPF 的发动机。

MB229.31：该标准要求所测机油换油周期在 20 000～40 000km 或_____年。奔驰在 2003 年推出了新规格包括配备柴油颗粒过滤器（DPF）的汽/柴油发动机，对机油环保性要求更严格，该类油品为 Low SAPS（低硫、低磷、低灰分）润滑油，降低了硫、磷以及硫酸成分的含量，削减了排放污染，此品级的油品在高温高速剪切下的黏度参数 HTHS 需大于 3.5mPa·s（该参数越大，说明机油的运动状态下的黏度越大）。

MB229.5：换油周期在 25 000～50 000km 或_____年，适合柴/汽油发动机，且与 MB229.1 相比至少可提高约 1.8% 的燃油效率，MB229.5 启用于 2002 年，此品级的油品的 HTHS 需大于 3.5mPa·s，它以 ACEA A3/B4 标准为基础，不适用于配备 DPF 的柴油发动机。注意：MB229.5 的机油，必须使用 MB229.5 专用的无纺布机油滤清器，才能保证 3 万 km 的使用寿命。

MB229.51：换油周期为 25 000～50 000km 或_____年，机油品级满足 ACEA A3/B4/C3 标准。奔驰在 2005 年将这个新规格引入配备 DPF 的柴/汽油发动机，此类油品也属于 Low SAPS 润滑油。它较 MB229.31 有更长的使用寿命，其 HTHS 需大于 3.5mPa·s。

MB229.52：奔驰在 2012 年将这个新规格引入配备 DPF 的柴/汽油发动机，此类油品也是 Low SAPS 润滑油，且与 MB229.1 相比至少提高约 2.2% 的燃油效率，其 HTHS 需大于 3.5mPa·s，MB229.52 以 ACEA C3 标准为基础，适用于新式带有环保车用尿素的发动机。

MB229.6：奔驰在 2016 年将这个新规格引入汽油发动机，且其黏度与 0W-30 及 5W-30

相当。此类油品同样为 Low SAPS 润滑油，且与_____相比至少可提高约 2.5%的燃油效率，其 HTHS 需介于 2.9～3.2mPa·s，以 ACEA A5/B5 标准为基础。

MB229.61：奔驰在 2017 年将这个新规格引入配备 DPF 的柴/汽油发动机，且其黏度与 0W-30 及 5W-30 相当，此类油品也是 LowSAPS 润滑油，且与 MB229.1 相比至少可提高约 2.5%的燃油效率，其 HTHS 需介于 2.9～3.2mPa·s，以 ACEA C2 标准为基础。

MB229.71：奔驰在 2016 年将这个新规格引入配备 DPF 的柴/汽油发动机，且其黏度与 0W-20 及 5W-20 相当。该标准下的机油被称为低飞溅多级机油，也是 LowSAPS 润滑油，且与 MB229.1 相比至少可提高约 3%的燃油效率。此品级的油品的 HTHS 需介于 2.6～2.9mPa·s，以 ACEA C5 标准为基础。

2．奔驰原厂认证机油的指标对比及使用

奔驰机油常用的认证标准如图 5-1 所示，其中，综合性能指标：MB229.5＞MB229.3＞MB229.1，说明同一厂家_____越靠后，性能指标越高。

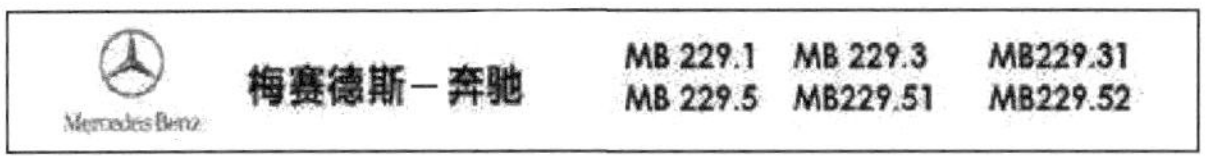

⊛ 梅赛德斯－奔驰 Mercedes Benz	MB 229.1　MB 229.3　MB229.31 MB 229.5　MB229.51　MB229.52

□ 图 5-1　奔驰机油常用的认证标准

MB229.5 是目前奔驰乘用车常用机油中的最高规格，在抗_____、抗_____、防止积碳和抗氧化、节省燃油方面有更高要求。MB229.5 的换油周期可达_____万 km，MB229.3 为_____万 km（考虑国内部分地区路况差，燃油质量堪忧，因此实际使用时应相应降低换油周期），而 MB229.52 和 MB229.51 在 MB229.5 基础上要求达到保护三元催化器的效果。

3．奔驰车品牌机油的选择

应尽量选择高品质的机油。注意：不是价格越_____越_____，建议选择性能较均衡的机油。奔驰车的机油主要有以下几种：

（1）1L 装的金装美孚一号，机油标号 0W～40，建议_____用这种油。

（2）大桶装的金装美孚一号，机油标号 5W～30，目前市场上使用_____。

（3）AMG 专用机油，机油标号也是 0W～40，适用于_____。

（4）所有机油都是目前最新的_____级别，都是全合成的，建议_____km 或者_____时间换一次。

4．根据收集的资料将品牌机油的特点填写完整（见表 5-1）

························ □ 案例分享 □ ···················

━━━━●━━━━【故障现象】━━━━

一辆 2013 年奔驰 GLK350/3.0 柴油车，发动机型号为 164 825，变速器型号为 722 902，行驶里程是 120 086km。用户反映近期车辆热车后行驶时，车辆排气管有大量蓝白色浓烟排出，车辆无故障灯点亮，无故障码，加速良好，发动机无异响，无其他故障症状。

□ 表5-1　高端汽车常见机油

用途	类型	常见规格	更换周期	常见品牌	特点
1. _____ 2. _____ 3. 冷却降温 4. 密封防漏 5. 防锈防蚀 6. 减振缓冲	矿物质油 半合成油 全合成油	0W-30 0W-40 5W-30 5W-40 5W-50 10W-30 10W-40 10W-50 10W-60 15W-40 15W-50 20W-50	更换周期根据车型而定，一般为5 000km、_____和_____km和_____km	美孚	美孚_____档产品性能与嘉实多、壳牌持平，美孚高端产品极限性能优于壳牌，而且能长效使用（达15 000km），但必须配机油滤清器
				嘉实多	性能均衡，冷起动保护好，在_____转速情况下也能很好地保护发动机
				壳牌	性能处于中等，_____性较好，抗_____，静降噪，在苛刻条件下能为发动机提供极佳保护
				普罗菲	德国原装进口，抗_____、_____、静_____等性能均高于市场同类同等级产品

————————【故障诊断】————————

（1）维修人员首先清洗了后端排气管（见图5-2），故障现象依旧存在，与尾气处理系统无关系。

（2）从排放出来的浓烟判断：烟是蓝白色的，伴随有燃烧所产生的焦糊味，发动机疑似有机油参与燃烧或泄漏到排气系统的现象。

（3）维修人员查看了保养记录，距离上次更换机油行驶3 000km不到，用户反映暂未有机油报警灯点亮，也没有对发动机进行过机油加注，在冷车时查看机油测量尺，机油液位在下限位置，机油有缺少。

（4）在检查排气管接口（见图5-3）时发现排气管前端接口处有黑色的油渍，顺接口拆掉连接法兰中间排气节，法兰/三元催化器中有大量黑色机油，通过黏度、润滑性对比确定油渍是机油。

□ 图5-2　清洗后端排气管

□ 图5-3　排气管接口检查

（5）初步可以判断有机油从发动机中流出到排气管中产生浓烟。拔出曲轴废气通风管，起动车辆测试，故障依旧存在，排除了曲轴通风装置窜油的可能性。

（6）通过发动机排气管的3个连接口，可判断机油泄漏的位置。在拆解排气管3个连接口时，发现涡轮增压器连接口有大量机油油渍，可以确定是涡轮增压器某部件故障导致的烧机油现象（正常情况下排气口是高温、干燥的）。

（7）在拆解涡轮增压器后，发现涡轮增压器叶轮连接轴异常磨损，涡轮叶轮连接轴两侧轴承靠机油润滑，连接轴磨损（见图5-4）导致密封不良，机油泄漏。

□ 图5-4　涡轮连接轴磨损

————【故障排除】————

清洗法兰/三元催化器及排气系统、清洁涡轮润滑油道及冷却液道后，更换涡轮增压器总成，多次试车未再出现冒蓝白烟现象，故障排除。

————【故障原因】————

涡轮增压器润滑系统漏出的油进入排气系统，排气系统的高温使部分机油参与反应，最终造成排气管冒蓝白烟的故障现象。

————【案例总结】————

本案例故障是因为涡轮增压系统漏油而造成的，因为涡轮直接和燃烧室排出的高温废气接触，致使其温度升高，而高温更容易让机油产生油泥和积碳，因此需要有良好的润滑和冷却，对机油的要求比较高，在保养维护的时候一定要根据车辆的配置选择合格的机油。

任务二　奔驰机油更换及保养灯复位

_____学时

班级：		组别：		姓名：		掌握程度： □ 优 □ 良 □ 及格 □ 不及格

实训目的	掌握奔驰发动机机油的更换流程、保养灯复位的操作步骤，以及整个过程中的注意事项。
安全注意事项	注意设备及个人安全，规范操作。
教学组织	每辆车按 6 位学员（组长 1 人、主修 1 人、辅修 1 人、观察员 1 人、评分 1 人、质检 1 人）作业，循环操作。
操作步骤演示	

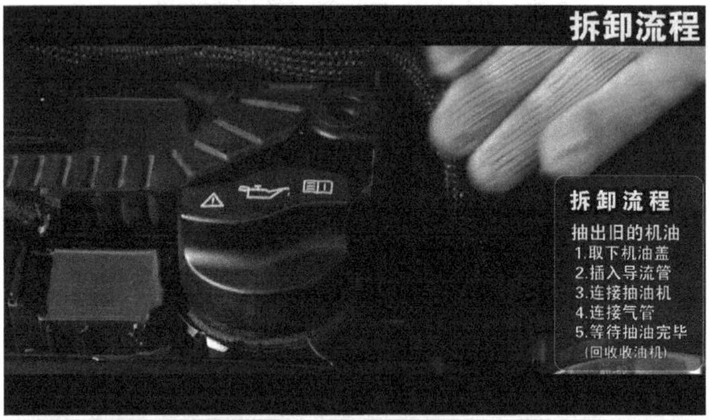

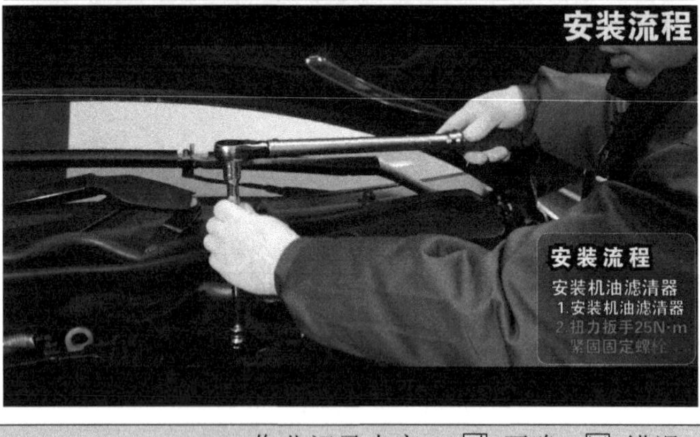

任务	作业记录内容 ☑ 正确 ☒ 错误
前期准备	□ 1. 护具——整车防护七件套（车外三件套——前翼子板垫/左翼子板垫/右翼子板垫，车内四件套——转向盘套/脚垫/座椅套/变速器操作杆套），如图 5-5 和图 5-6 所示。 □ 2. 工具——套装工具（见图 5-7）、诊断仪（见图 5-8）、吹枪、抽油机等。 □ 3. 耗材——奔驰机油滤清器、奔驰专用机油，如图 5-9 和图 5-10 所示。

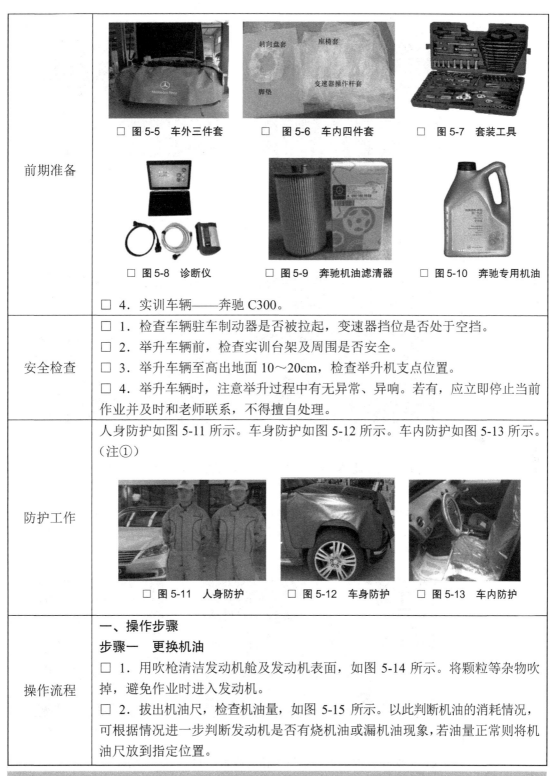

前期准备	□ 图 5-5 车外三件套　□ 图 5-6 车内四件套　□ 图 5-7 套装工具 □ 图 5-8 诊断仪　□ 图 5-9 奔驰机油滤清器　□ 图 5-10 奔驰专用机油 □ 4. 实训车辆——奔驰 C300。
安全检查	□ 1. 检查车辆驻车制动器是否被拉起，变速器挡位是否处于空挡。 □ 2. 举升车辆前，检查实训台架及周围是否安全。 □ 3. 举升车辆至高出地面 10～20cm，检查举升机支点位置。 □ 4. 举升车辆时，注意举升过程中有无异常、异响。若有，应立即停止当前作业并及时和老师联系，不得擅自处理。
防护工作	人身防护如图 5-11 所示。车身防护如图 5-12 所示。车内防护如图 5-13 所示。 （注①） □ 图 5-11 人身防护　□ 图 5-12 车身防护　□ 图 5-13 车内防护
操作流程	**一、操作步骤** **步骤一 更换机油** □ 1. 用吹枪清洁发动机舱及发动机表面，如图 5-14 所示。将颗粒等杂物吹掉，避免作业时进入发动机。 □ 2. 拔出机油尺，检查机油量，如图 5-15 所示。以此判断机油的消耗情况，可根据情况进一步判断发动机是否有烧机油或漏机油现象，若油量正常则将机油尺放到指定位置。

注①：安全防护要到位。

奔驰车系整车检测实训工单（AR版）

操作流程

□ 图5-14 清洁发动机舱

□ 图5-15 检查机油量

□ 3. 拆卸机油滤清器（机滤）壳：使用机滤碗拆卸机滤壳，扳手一定要使用全封闭式（梅花）扳手，错误的使用方法（开口）会造成机滤扳手脱落从而导致人员受到伤害，如图5-16和图5-17所示。

□ 图5-16 拆卸机滤壳（错误）

□ 图5-17 拆卸机滤壳（正确）

□ 4. 更换机油滤芯。拆卸机油滤芯（见图5-18）时需确保机油滤芯上的残油不要滴落到车身其他部位。在更换机滤时也必须更换密封圈（3个）。

□ 5. 更换新的机油滤清器（见图5-19）及密封圈。密封圈安装时涂抹一层干净的机油，确保润滑，避免装配时摩擦太大损坏密封圈，确保所有的密封圈都安装到位，如图5-20所示。

□ 图5-18 拆卸机油滤芯

□ 图5-19 新机油滤清器

□ 6. 安装机油滤清器并按规定扭力旋紧，如图5-21所示。

　　□ 图 5-20　更换密封圈需润滑　　　　　□ 图 5-21　紧固机油滤清器

　　□ 7．加注机油，如图 5-22 所示，加好机油后盖好加油口盖。根据车型不同，按实际要求加注机油，机油不可遗洒至外面，否则有损坏皮带或自燃风险。

　　□ 8．起动发动机，运转到发动机正常工作温度（注②），检查机油滤清器处是否有漏油，如图 5-23 所示。

　　　□ 图 5-22　加注机油　　　　　　　□ 图 5-23　检查机油滤清器

操作流程

　　□ 9．检测油量：发动机熄火 90s 后检查油量，液位应在机油尺的上限位置，如图 5-24 所示。发动机工作到正常工作温度及熄火 90s 后检查的目的是使检测条件统一，有利于后期对机油消耗量的准确判断。

　　□ 10．清理油迹，将滴下来的油渍及污垢彻底清理干净，尤其是皮带组件绝不可有油渍在上面。注意清洁机油尺、机油滤清器盖、加油口等，以确保车辆整洁。

步骤二　保养灯复位

　　□ 1．打开点火开关（"ON" 挡），观察机油保养灯，确保其处于亮的状态，如图 5-25 所示。此时关闭所有车门，包括发动机舱盖及后背门。

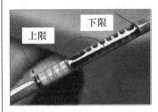  

　　　□ 图 5-24　检查机油　　　　　　　□ 图 5-25　打开点火开关

　　□ 2．同时按住转向盘左侧的 "OK" 键和转向盘右侧的电话键，出现菜单后

注②：发动机的正常工作温度是指发动机散热风扇自动运转两次后的温度。

操作流程	松开，如图 5-26 所示。 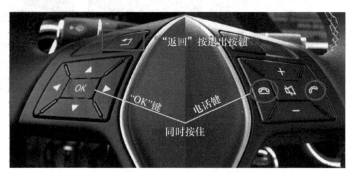 □ 图 5-26　同时按键 □ 3．此时出现 3 个菜单选项（"车辆数据""测功机上测试""ASSYST PLUS"），选择"ASSYST PLUS"（见图 5-27）并按"OK"键确认。 □ 4．选择"整套保养"（见图 5-28）并按"OK"键确认。 　 □ 图 5-27　选择"ASSYST PLUS"　　　　　□ 图 5-28　选择"整套保养" □ 5．界面出现"保养 2""保养 3"，在其下方选择"确认整套保养"，如图 5-29 所示。 □ 6．按"OK"键确认后，弹出"不能完成""取消""确认"等选项时，如图 5-30 所示。 　 □ 图 5-29　选择"确认整套保养"　　　　　□ 图 5-30　确认界面的内容 □ 7．选择"确认"并按"OK"键，确认后的菜单界面出现"整套保养无法完成"，如图 5-31 所示。至此整套的复位设置已完成。

操作流程	 □ 图 5-31　界面显示信息 □ 8．复位结束，检查是否设置成功，观察机油保养灯是否熄灭。 □ 9．6S 管理及车辆复位。 **二、注意事项** □ 1．机油滤清器密封圈安装前要抹机油。 □ 2．机油滤清器要安装到位。 □ 3．机油的检测方法要标准。 □ 4．复位设置所有选项不能选错。 **三、技术要求** □ 1．要掌握机油及机油滤清器的更换方法。 □ 2．要掌握机油保养灯手动复位的方法。
质量验收	□ 检查更换机油操作流程是否准确。　　　　　　　□ 是　□ 否 □ 检查机油是否泄漏。　　　　　　　　　　　　　□ 是　□ 否 □ 检查机油量是否合适。　　　　　　　　　　　　□ 是　□ 否 □ 检查保养灯复位流程是否准确和规范。　　　　　□ 是　□ 否
检查与评估	
6S 管理规范 （教师点评）	□ 整理　□ 整顿　□ 清扫　□ 清洁　□ 素养　□ 安全
成绩评定 （学生总结）	小组对本人的评定：□ 优　□ 良　□ 及格　□ 不及格 学生本次任务成绩：□ 优　□ 良　□ 及格　□ 不及格

专业考核评分表——奔驰机油更换及保养灯复位

班级：		组别：		组长：		日期：	

技术标准：1. 更换机油的操作流程；2. 保养灯复位的操作流程

序号	作业项目	考核内容	考核标准	分值	扣分	得分
1	准备环节	正确选用工具	选错1次扣1分	2		
2		做好防护	少做1项扣2分	4		
3		做好安全检查	漏掉1项扣2分	4		
4	更换机油环节	清洁发动机舱并检查油量	少做1项扣2.5分	10		
5		拆卸机油滤清器壳	未做扣5分	5		
6		拆卸机油滤芯	不会做扣10分	10		
7		更换机油滤清器及密封圈	密封圈未按要求安装扣5分，机油滤清器未安装到位扣5分	10		
8		加注机油	机油有洒漏扣5分	5		
9		泄漏检测	未做扣5分	5		
10		油量检查	油量不标准扣5分	5		
11	保养灯复位环节	按照正确的操作步骤进行手动复位	本复位环节只要任何一步未实施到位，复位将不能完成，故整体考核，不能手动完成复位设定的扣20分	20		
12	检测与复位	清洁发动机遗漏的机油，检查保养灯是否复位	少做1项扣5分	10		
13	项目实训时间		0～30min　　　　　　10分 >30～35min　　　　　 8分 >35～40min　　　　　 5分 >40min　　　　　　　0分	10		

质检员：		评分员：		合计得分	

教师点评：

团队合作：优秀 □　良好 □　及格 □　　　　　　**分工明确**：优秀 □　良好 □　及格 □

专业标准：优秀 □　良好 □　及格 □　　　　　　**操作规范**：优秀 □　良好 □　及格 □

教师签字：　　　　　　　　　　　　　　　　　　　　年　　月　　日

注：实训未按规范操作，导致出现设备损坏或人身伤害，本次考核记0分。

实训项目六 — 奔驰冷却液更换及排空

任务一　奔驰冷却液认知

_____学时

班级：	组别：	姓名：	掌握程度： □ 优 □ 良 □ 及格 □ 不及格

一、工作任务

1. 了解奔驰冷却液的质量评估相关知识。

2. 熟悉奔驰冷却液的种类及选择。

3. 掌握奔驰冷却液的更换方法。

二、项目认知

1. 奔驰冷却液更换周期

奔驰 A 级车、B 级车、C 级车冷却液（也称为防冻液）更换周期为_____km 或_____（时间），而其他车型的冷却液更换周期主要为_____km 或_____，而奔驰 smart 冷却液的更换周期为_____km 或_____。

2. 奔驰冷却液的选择

（1）奔驰冷却液有两种：第一种是蓝色的，规格为 325，配件号为_____，质量配比（乙二醇和纯水的质量比）为 50:50，冰点_____℃以上；第二种是红色的，规格为 325.56，配件号为_____，质量配比为 55:45，冰点_____℃以上，两者_____不能混用。

（2）奔驰车辆所用冷却液都是有_____标志的，2015 年之前的奔驰车辆使用____色冷却液，2015 年之后的使用_____色冷却液，购置前看清楚车辆使用的冷却液是什么颜色的。德国奔驰原厂冷却液如图 6-1 所示。

3. 冷却液检测方法分析

（1）冷却液外观识别检测；观察防冻液的外观，识别_____，做出直观判断。冷却液应_____，无_____和无_____。如果外观浑浊且气味异常，表明冷却液_____，请立即停止使用。

（2）冷却液 pH 值检测如图 6-2 所示。金属在酸性溶液中迅速_____。为了防止这种腐蚀的发生，在冷却液中添加_____物质，以确保冷却液的 pH 值在_____～_____范围内。使用的冷却液在高温下持续氧化形成_____。物质消耗部分防腐剂，可以降低 pH 值，液体逐渐变为_____性。可以通过 pH 试纸在现场测试冷却液的 pH 值。当 pH 值小于_____时，应更换冷却液。

（3）冷却液沸点和冰点的指标分析。冷却液的沸点检测如图 6-3 所示。水的沸点是 100℃，冷却液的沸点应至少高于_____℃。冰点检测即防冻效果检查，如图 6-4 所示，水的冰点（即凝固点）为 0℃，一般冷却液冰点可以达到_____℃，优质冷却液的冰点甚至能达到_____℃左右。所以冰点是衡量_____的重要指标。沸点和冰点两种检测温差越_____，冷却液的质量越_____。

品名： 奔驰冷却液，防冻液
保质期： 三年
净含量： 1.5L
产品特性： 防冻、防沸、防开锅；防垢、防锈
产品颜色： 蓝色、红色
注意事项： 远离儿童、远离火源，避免重压、撞击，切勿入眼入口，严禁用于清洗与食物有关用具。如果不慎入眼或入口，立即用清水清理后及时就医。

□ 图 6-1 德国奔驰原厂冷却液

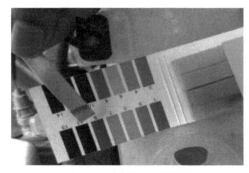

□ 图 6-2 冷却液 pH 值检测

（4）冷却液防结垢性的指标分析。超过 70% 的汽车冷却系统都存在水垢和锈蚀，如图 6-5 所示，严重影响冷却系统_____。硬水中含有大量的碱性物质，在加热时和水发生反应之后就变成_____，并黏附在散热器内的金属表面上。如果不能定期_____，会严重影响_____，导致冷却液沸腾，因此应选择防结垢性较好的冷却液。

彩图6-2

□ 图 6-3 沸点检测

LH-B50 冰点仪

□ 图 6-4 冰点检测

□ 图 6-5 水垢和锈蚀

（5）冷却液还可以起着润滑和_____冷却系统的作用。因为冷却液在冷却系统中循环，所以这些润滑剂（即冷却液）将黏附到金属表面上以形成_____，水与外部材料完全隔离，以防止冷却系统内的水垢积聚并重新腐蚀冷却系统内_____。这些在冷却液的质量检测中也极具参考价值。

•••••••••••••••••••••• □ 案例分享 □ ••••••••••••••••••••••

•———————[故障现象]———————•

一辆搭载 M271 发动机的 2012 款奔驰 E260 轿车，行驶里程 153 455km，用户反映仪表出现了需要加注冷却液的警示标志，如图 6-6 所示，将车辆送到维修站要求检查维修。

□ 图6-6　加注冷却液警告灯

————【故障诊断】————

（1）奔驰维修技师李师傅接车后检查发现，发动机冷却液液位确实偏低，补充发动机冷却液后试车，故障消失，推断冷却系统存在泄漏。

（2）检查冷却系统外观，没有发现泄漏痕迹。用测压表测试冷却系统压力，施加1.05 bar（1 bar=100 kPa）的压力，10 min后压力显示在0.98 bar左右，从压力来判断确实有问题，此时再次检查冷却系统，依旧没有泄漏现象。

（3）发动机外部未发现有冷却液泄漏，那么有可能是发动机内部泄漏或者暖风空调系统泄漏。

（4）拆下测压表加冷却液后起动发动机到正常温度，将发动机转速升到3 000r/min，观察到散热器里有大量气泡冒出。

（5）由此推断气缸体与气缸盖密封不严，冷却系统与燃烧室相通，使部分气体进入冷却液道，最终从膨胀散热器排出，而部分冷却液进入了气缸被高温汽化后从排气管排出。

（6）拆检气缸盖，发现气缸盖表面有渗发动机冷却液的痕迹；检查气缸盖及气缸体的平面翘曲度，均良好，由此推断气缸盖垫损坏。

————【故障排除】————

因该车已行驶超过150 000km，经过综合评定，做大修处理，大修后故障排除。

————【故障原因】————

本车是由于气缸盖垫密封不良，导致冷却液进入燃烧室而造成的冷却液缺失的故障。

————【案例总结】————

在检测冷却液缺失的故障时，不仅要考虑发动机外部的情况，还需要对暖风空调系统及发动机内部的情况加以分析判断，这样才能更有效地找到故障的根源所在。

任务二　奔驰冷却液更换并排出空气

_____学时

班级		组别：	姓名：	掌握程度： □ 优　□ 良　□ 及格　□ 不及格
实训目的		掌握奔驰冷却液的更换与排空气的操作步骤及注意事项。		
安全注意 事项		注意设备及个人安全，规范操作。		
教学组织		每辆车按6位学员（组长1人、主修1人、辅修1人、观察员1人、评分1人、质检1人）作业，循环操作。		
操作步骤 演示		排放流程 排放流程 清洗通道 （1……） 2.举升车辆 3.打开排放口 4.等待排放完毕 5.关闭排放口 6.降下车辆 更换流程 更换流程 检测防冻液冰点 （1.使用滴管抽取冷却液 2.将……滴流于……抛光检验上 3.通过目镜看到一条蓝白分界线 （正常））		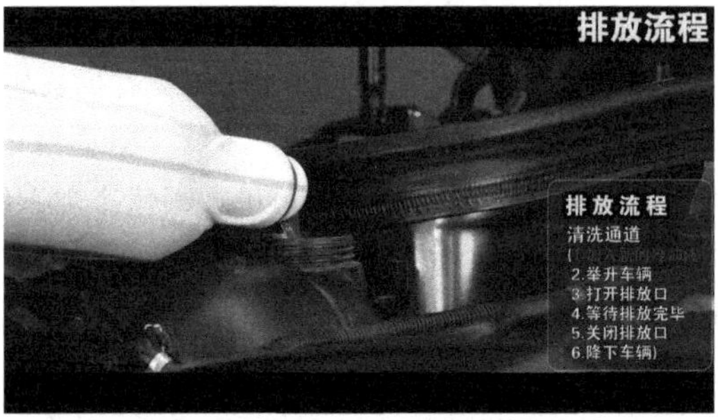 微课 防冻液的更换（一） 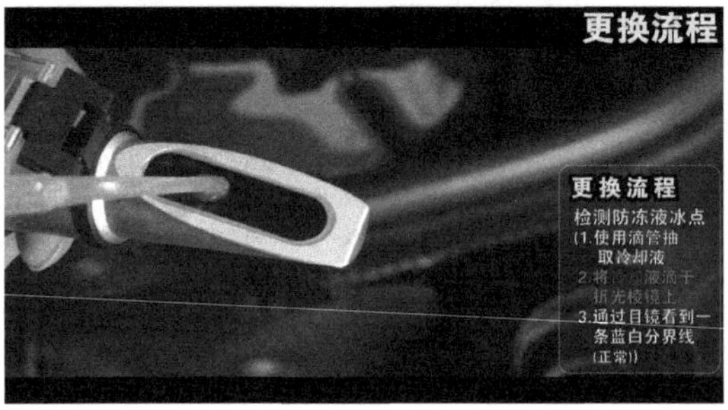 微课 防冻液的更换（二）
任务		作业记录内容　☑ 正确　☒ 错误		
前期准备		□ 1. 护具——整车防护七件套（车外三件套——前翼子板垫/左翼子板垫/右翼子板垫，车内四件套——转向盘套/脚垫/座椅套/变速器操作杆套），如图6-7和图6-8所示。  转向盘套　座椅套 变速器操作杆套 脚垫 □ 图6-7　车外三件套 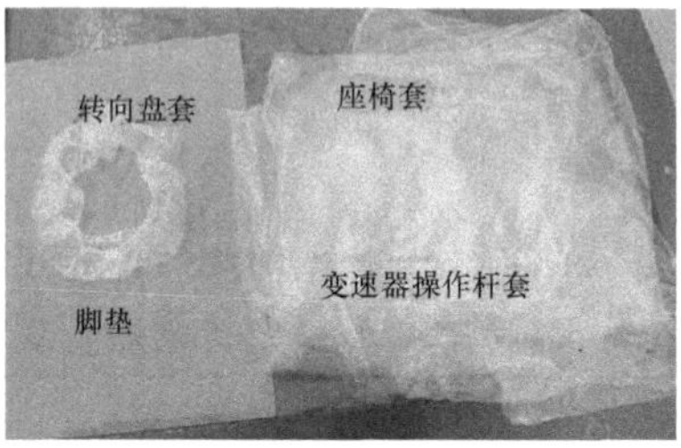　　□ 图6-8　车内四件套		

前期准备	□ 2. 工具——套装工具（见图 6-9）、冰点检测仪（见图 6-4）、集液盆（见图 6-10）等。  □ 图 6-9　套装工具 　　　　　□ 图 6-10　集液盆 □ 3. 耗材——冷却液、抹布等，如图 6-11 和图 6-12 所示。  □ 图 6-11　冷却液 　　　　　□ 图 6-12　软布 □ 4. 实训车辆——奔驰 C300。
安全检查	□ 1. 检查车辆驻车制动器是否被拉起，变速器挡位是否处于空挡。 □ 2. 举升车辆前，检查实训台架及周围是否安全。 □ 3. 举升车辆至高出地面 10～20cm，检查举升机支点位置。 □ 4. 举升车辆时，注意举升过程中有无异常、异响。若有，应立即停止当前作业并及时和老师联系，不得擅自处理。
防护工作	人身防护如图 6-13 所示。车身防护如图 6-14 所示。车内防护如图 6-15 所示。（注①）  □ 图 6-13　人身防护 　　　□ 图 6-14　车身防护 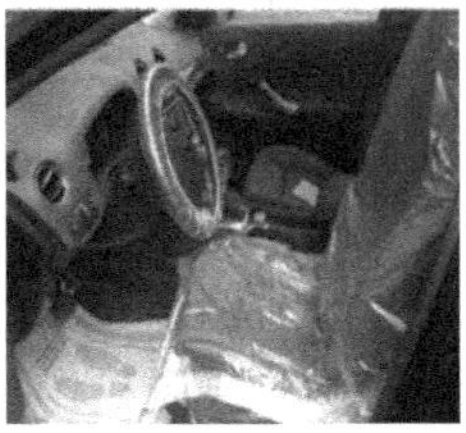　　　□ 图 6-15　车内防护
操作流程	一、操作步骤 □ 1. 发动机热机到 80℃以上（达到节温器大循环打开温度，使冷却液道连通），打开发动机舱盖，如图 6-16 所示。

注①：安全防护要到位。

操作流程

□ 2．在冷却液膨胀容器盖周围裹上厚抹布（目的是防止冷却液喷出来烫伤人），慢慢将盖转动四分之一圈以释放蓄积压力，然后再将散热器盖完全拧开，如图 6-17 所示。

□ 图 6-16　热机并打开发动机舱盖　　　　　□ 图 6-17　打开膨胀容器盖

□ 3．打开冷却液膨胀容器检查冷却液液位（见图 6-18），并且目视检查有无冷却液泄漏。高温时禁止打开，有烫伤风险。对于冷态发动机，冷却液液位必须达到冷却液膨胀容器中的刻度，冷却液变热时，液位位于刻度上方约 1cm 处。如果冷却液液位过低，检查冷却液是否泄漏。

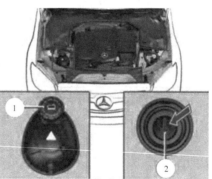

1—盖；2—标示棒

□ 图 6-18　液位检查

□ 4．放好集液盆，断开散热器的回水管或打开散热器上的放水阀，放干净冷却液，再装好回水管或放水阀，如图 6-19 所示。千万不要在发动机高压时拆卸放水阀或回水管，因为高压发动机冷却液会从阀口或水管接口处喷出，可能会导致操作人员受到严重的烫伤。（注②）

□ 5．清洗通道：将旧的冷却液放出，之后用新的冷却液清洗液体通道。将冷却液加入冷却液膨胀容器中，并装上冷却液膨胀容器盖，使冷却液连续不断地流经发动机冷却系统，如图 6-20 所示。

□ 6．起动循环：加满冷却液后，着车怠速 8～10min，让冷却液循环后再放掉，如图 6-21 所示。

注②：有的车型发动机缸体上也有放水螺栓，如果有也要打开来放干净冷却液。

操作流程

（a）打开放水阀

（b）断开前散热器回水管

□ 图6-19 排放冷却液

□ 图6-20 清洗通道

□ 图6-21 起动循环

□ 7．更换冷却液：将新冷却液加入冷却液膨胀容器，加到冷却液膨胀容器快满了为止，如图6-22所示。（注③）

□ 图6-22 加注新冷却液

□ 8．调整冷却液量。起动发动机，注意若冷却液减少了要随时添加，发动机运转到温度足以让节温器大循环打开时，再把冷却液加注到冷却液膨胀容器的最高标记"MAX"，如图6-23所示。

□ 9．检测冷却液冰点是否符合要求，检查各部位是否安装到位、无泄漏，检查冷却液膨胀容器盖是否盖好。

□ 10．对加入的冷却液进行排空气。首先拆下冷却液温度传感器进行排空气，添加冷却液等待冷却液温度传感器有液体流出，几秒后冷却液温度传感器孔流

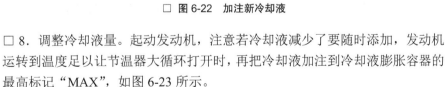
注③：有的冷却液是配好了的，直接加注即可；有的冷却液是未配好的，要和纯净水按比例混合后再加注。

操作流程	出的液体没有气泡产生，把冷却液温度传感器装上并插好插头，再补加冷却液，加到膨胀容器"MAX"和"MIN"标记之间，再拧好盖即可。待冷却液达到正常工作温度后，检查是否泄漏。  □ 图6-23　调整冷却液量 □ 11．6S管理及车辆复位。 **二、注意事项** □ 1．注意发动机温度要达到大循环温度。 □ 2．注意冷却液膨胀容器盖要用布包住先泄压再打开。 □ 3．注意不要漏掉排空气的操作。 **三、技术要求** □ 1．要掌握冷却液的整个更换流程。 □ 2．要掌握冷却液排空气的方法。
质量验收	□ 检查是否正确打开散热器盖。　　　　　　　　　　　　　　是 □　否 □ □ 检查是否进行了冷却液管道清洗。　　　　　　　　　　　是 □　否 □ □ 检查是否进行了排空气。　　　　　　　　　　　　　　　是 □　否 □ □ 检查管道是否安装良好、无泄漏，膨胀容器盖是否安装到位。是 □　否 □
检查与评估	
6S管理规范 （教师点评）	□ 整理　□ 整顿　□ 清扫　□ 清洁　□ 素养　□ 安全
成绩评定 （学生总结）	小组对本人的评定：□ 优　□ 良　□ 及格　□ 不及格 学生本次任务成绩：□ 优　□ 良　□ 及格　□ 不及格

专业考核评分表——奔驰冷却液更换并排出空气

班级：		组别：	组长：		日期：		
技术标准：冷却液更换流程							
序号	作业项目	考核内容	考核标准	分值	扣分	得分	
1	准备环节	正确选用工具	选错1次扣1分	2			
2		做好防护	少做1项扣2分	4			
3		做好安全检查	漏掉1项扣2分	4			
4	更换冷却液并排空气环节	发动机热机	温度未达到大循环温度扣10分	10			
5		打开冷却液膨胀容器盖	开盖时未用布包住扣10分	10			
6		断开散热器的回水管或打开散热器上的放水阀排放冷却液	排液未用集液盆接扣10分	10			
7		重新装好散热器的回水管或关闭散热器上放水阀排放冷却液	未做好或未拧紧，后期加冷却液时出现漏液扣10分	10			
8		清洗通道并起动循环	未做扣5分	5			
9		添加新冷却液并调整液量	有洒漏扣5分，未连接好管道扣10分	10			
10		冷却系统排空	排空温度未达标扣10分	10			
11		冷却系统的检查	未检查系统是否泄漏扣5分，未检查膨胀容器盖是否盖好扣5分	15			
12		项目实训时间	0～20min　　　　10分 ＞20～25min　　　8分 ＞25～30min　　　5分 ＞30min　　　　　0分	10			
质检员：		评分员：		合计得分			

教师点评：

团队合作：优秀 □　良好 □　及格 □　　　　　　分工明确：优秀 □　良好 □　及格 □

专业标准：优秀 □　良好 □　及格 □　　　　　　操作规范：优秀 □　良好 □　及格 □

教师签字：　　　　　　　　　　　　　　　　　　　　　　　年　　月　　日

注：实训未按规范操作，导致出现设备损坏或人身伤害，本次考核记0分。

实训项目七 奔驰火花塞认知与更换

任务一 奔驰火花塞认知

__________学时

班级：	组别：	姓名：	掌握程度： □ 优 □ 良 □ 及格 □ 不及格

一、工作任务

1．了解奔驰火花塞的作用及结构。

2．熟知奔驰火花塞外观的含义及安装位置。

3．掌握奔驰火花塞检查的方法、更换流程。

二、项目认知

1．奔驰火花塞认知

火花塞俗称火嘴，它的作用是把高压导线送来的________放电，击穿火花塞两电极间空气，产生电火花以此引燃气缸内的混合气体。

奔驰常见的火花塞有两种，配件号分别是 A041515403 和 A0041595003，适用的发动机分别为__________和__________。

2．奔驰火花塞外观认知及检查

（1）奔驰火花塞的外观如图 7-1 所示。

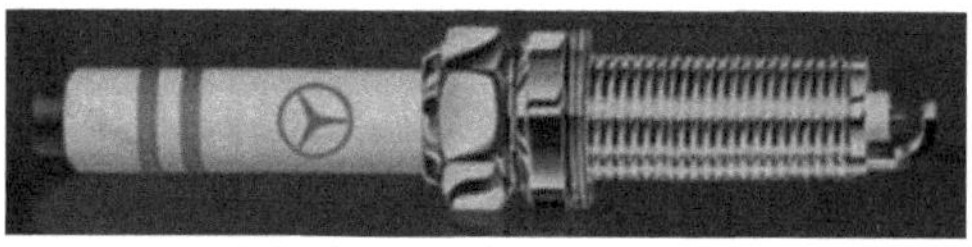

□ 图 7-1　奔驰火花塞的外观

（2）奔驰火花塞不同外观的含义

① 发动机正常工作的火花塞，如图 7-2（a）所示（颜色呈褐色）。

② 发动机工作温度__________的火花塞，颜色呈白色，如图 7-2（b）所示。

③ 火花塞颜色呈灰色且积碳明显，说明____________，如图 7-2（c）所示。

④ 火花塞颜色呈黑色，积碳明显且积碳潮湿，说明______________，如图 7-2（d）所示。

⑤ 陶瓷密封不严的火花塞，陶瓷与金属底座结合部有积碳，如图 7-2（e）所示。

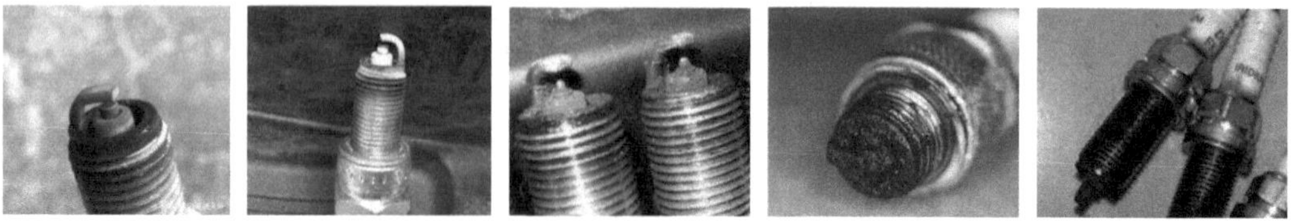

（a）（b）（c）（d）（e）

□ 图 7-2　火花塞的颜色

3．奔驰火花塞的结构及特点

奔驰火花塞的结构如图 7-3 所示。

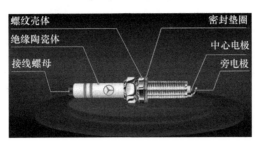

□ 图 7-3　奔驰火花塞的结构

查询有关资料，判断奔驰火花塞与其他普通火花塞的区别：＿＿＿＿＿＿＿＿＿＿＿＿，因此奔驰火花塞具有更优良的性能。奔驰火花塞的优点主要有以下几方面。

① ＿＿＿＿＿＿＿＿＿＿＿＿＿＿＿＿＿＿＿＿＿＿＿＿＿＿＿＿＿＿＿＿＿＿＿＿＿；

② ＿＿＿＿＿＿＿＿＿＿＿＿＿＿＿＿＿＿＿＿＿＿＿＿＿＿＿＿＿＿＿＿＿＿＿＿＿；

③ ＿＿＿＿＿＿＿＿＿＿＿＿＿＿＿＿＿＿＿＿＿＿＿＿＿＿＿＿＿＿＿＿＿＿＿＿＿；

④ ＿＿＿＿＿＿＿＿＿＿＿＿＿＿＿＿＿＿＿＿＿＿＿＿＿＿＿＿＿＿＿＿＿＿＿＿＿。

4．奔驰火花塞的安装位置

其安装位置可以根据点火线圈进行判断，如图 7-4 所示。

□ 图 7-4　奔驰火花塞安装位置

5．奔驰车火花塞更换周期

奔驰近来变更了火花塞的更换周期，具体如下。

（1）变更前。

装配 M270 与 M274 发动机且是 CGI（缸内直喷技术）发动机的车型：每＿＿＿＿＿＿＿＿万 km或每 3 年更换一次火花塞。

装配 M176、M256、M260、M264、M276、M278、M282 发动机的车型：每＿＿＿＿＿＿＿＿万 km或每 3 年更换一次火花塞。

装配非 CGI 发动机的车型：每＿＿＿＿＿＿＿＿万 km 或每 3 年更换一次火花塞。

（2）变更后。

装配 CGI 发动机的车型：每＿＿＿＿＿＿万 km 或每 3 年更换一次火花塞。

装配非 CGI 发动机的车型：每_____万 km 或每 3 年更换一次火花塞。

□ 案例分享 □

━━━━【故障现象】━━━━

一辆 2013 款奔驰 C180，配置 M271 涡轮增压发动机，行驶里程是 77 588km。用户反映车辆近期油耗明显增加，发动机故障灯点亮，到维修站要求检查和维修。

━━━━【故障诊断】━━━━

1. 利用 XENTRY 诊断仪，检查发动机控制单元，发现存在发动机多缸失火的故障码。
2. 删除故障码，起动车辆，工作一段时间后，故障灯再次点亮。
3. 读取故障码，报发动机 1 缸缺火故障。
4. 测量 1 缸点火线圈的电源、搭铁、信号都正常。
5. 准备做跳火试验检查，当拆下 1 缸火花塞时，发现火花塞间隙明显偏大。
6. 拆下其他缸火花塞检查，间隙均有不同程度的偏大。

━━━━【故障排除】━━━━

经询问用户得知，本车从购买到现在，从未换过火花塞，远远超过了维修手册所规定的行驶里程数，更换所有火花塞后试车，故障灯不再点亮，故障排除。

━━━━【故障原因】━━━━

油耗增加的原因很多，点火强度不够是其中的原因之一。点火强度不够会造成混合气无法点燃或勉强点燃，使混合气不能燃烧或燃烧不充分，从而使动力减弱、油耗增加。火花塞的间隙偏大会造成不产生火花或火花强度变弱，本案例故障就是由于火花塞间隙过大引起的。

━━━━【案例总结】━━━━

火花塞在工作的过程中会因为电火花的烧蚀作用，造成中心电极与旁电极的间隙过大，从而造成一些故障的出现，因此在车辆的使用过程中一定要按要求更换与原车相同型号的火花塞。另外，在检测的过程中要充分利用诊断设备，这样才能达到事半功倍的效果。

任务二　奔驰火花塞的更换

_____学时

班级：		组别：		姓名：	掌握程度： □ 优 □ 良 □ 及格 □ 不及格
实训目的	掌握奔驰火花塞更换的操作步骤及注意事项。				
安全注意 事项	注意设备及个人安全，规范操作。				
教学组织	每辆车按 6 位学员（组长 1 人、主修 1 人、辅修 1 人、观察员 1 人、评分 1 人、质检 1 人）作业，循环操作。				
操作步骤 演示	 拆卸流程 拆卸流程 拆卸点火线圈 2 拆卸点火线圈固定螺栓 3 取下点火线圈 (顺序为1、2、3、4)			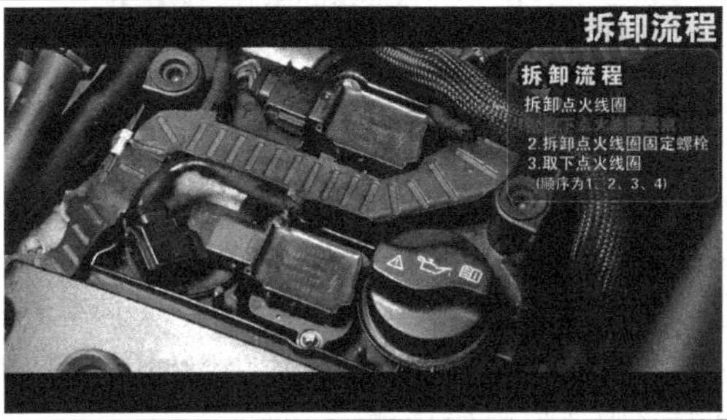 微课 火花塞的更换	
任务	作业记录内容　☑ 正确　☒ 错误				
前期准备	□ 1．护具——整车防护七件套（车外三件套——前翼子板垫/左翼子板垫/右翼子板垫，车内四件套——转向盘套/脚垫/座椅套/变速器操作杆套），如图 7-5 和图 7-6 所示。 □ 2．工具——套装工具（见图 7-7）、扭力扳手（见图 7-8）、火花塞专用套筒（见图 7-9）、吹枪等。 □ 3．耗材——奔驰火花塞。新旧火花塞对比，如图 7-10 所示。 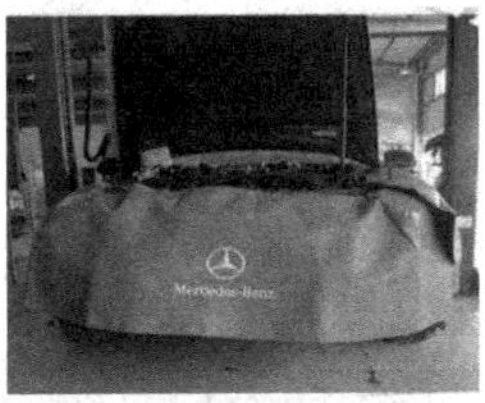 □ 图7-5　车外三件套 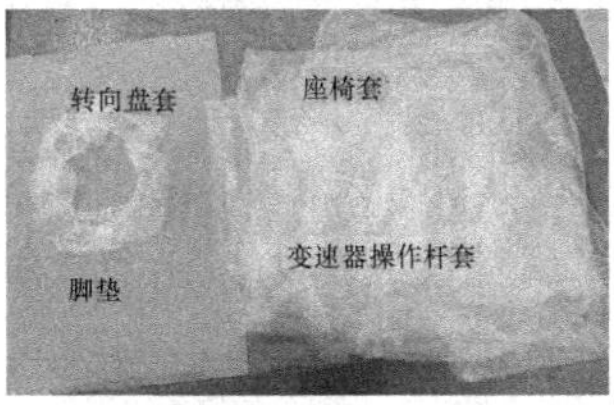　　□ 图7-6　车内四件套 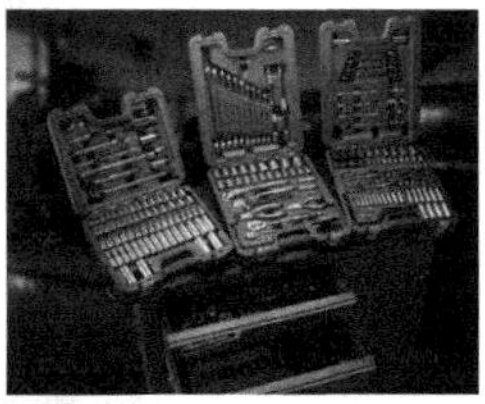　　□ 图7-7　套装工具 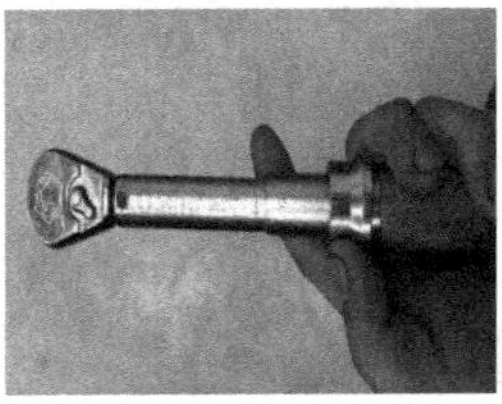 □ 图 7-8　扭力扳手 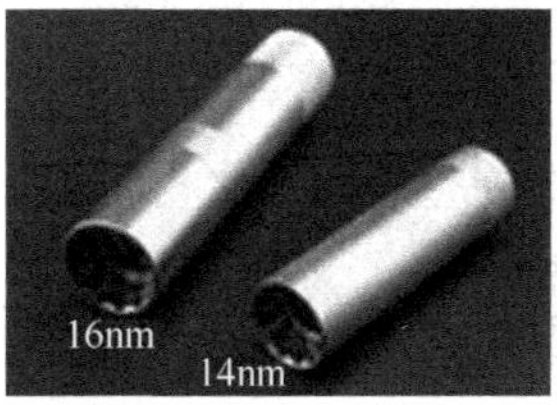　　□ 图 7-9　火花塞专用套筒 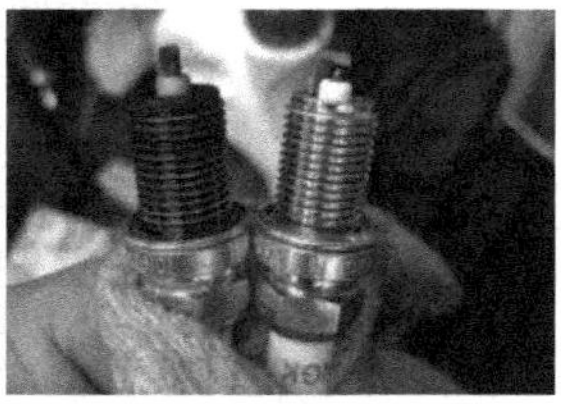　　□ 图 7-10　新旧火花塞对比 □ 4．实训车辆——奔驰 C200。				

安全检查	□ 1. 检查车辆驻车制动器是否被拉起，变速器挡位是否处于空挡。 □ 2. 举升车辆前，检查实训台架及周围是否安全。 □ 3. 举升车辆至高出地面 10～20cm，检查举升机支点位置。 □ 4. 举升车辆时，注意举升过程中有无异常、异响。若有，应立即停止当前作业并及时和老师联系，不得擅自处理。
防护工作	人身防护如图 7-11 所示。车身防护如图 7-12 所示。车内防护如图 7-13 所示。（注①） □ 图 7-11　人身防范　　□ 图 7-12　车身防护　　□ 图 7-13　车内防护
操作流程	**一、操作步骤** □ 1. 关闭车辆点火开关，如图 7-14 所示。 □ 2. 用吹枪吹干净发动机舱。防止拆装火花塞时有异物掉进发动机内。 □ 3. 拆下发动机舱盖，拔下点火线圈插头，如图 7-15 所示。拔插头时不要拽连接的电线线束，避免将电线拉断。 　 □ 图7-14　点火开关　　□ 图7-15　拔下点火线圈插头 □ 4. 用扳手拆下点火线圈固定螺栓，拆下点火线圈（注意摆放好），如图7-16所示。注意：请勿使用蛮力拔出点火线圈，否则容易引起橡胶软管开裂破损。 　 □ 图 7-16　拆卸点火线圈

注①：安全防护要到位。

操作流程	□ 5．选用棘轮扳手和火花塞专用套筒 1 拆下火花塞 2，如图 7-17 所示。拆出的火花塞摆放好，如图 7-18 所示，以便于判断并检查故障，并用干净的布盖住线圈口处，以防杂物掉入。   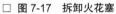 □ 图 7-17　拆卸火花塞　　　　□ 图 7-18　火花塞整齐摆放 □ 6．检查火花塞外观及电极之间的间隙，如图 7-19 所示，判断出发动机的基本状况。 □ 7．判断需换新火花塞，先对比新旧火花塞型号及外观。 □ 8．安装火花塞时，可以用点火线圈或专用工具（火花塞专用套筒）套入火花塞并小心放入座孔，避免火花塞直接落入座孔中，旁电极碰撞变形而破坏原来的间隙，如图 7-20 所示。  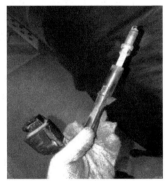 □ 图 7-19　火花塞检查　　　　□ 图 7-20　点火线圈套入火花塞 □ 9．先选择扭力扳手，再用扭力扳手以 23N·m 的标准力矩紧固火花塞，如图 7-21 所示。 □ 10．将点火线圈装入孔内并紧固好点火线圈的螺栓，插好插头，起动发动机运转到正常工作温度，检查各工况下发动机的运行状况是否正常，若正常，则更换火花塞顺利完成，如图 7-22 所示。 □ 11．6S 管理及车辆复位，如图 7-23 所示。

操作流程	  □ 图7-21　选择标准力矩拧紧　　　□ 图7-22　完成火花塞安装   □ 图 7-23　6S 管理及车辆复位 **二、注意事项** □ 1．注意拆卸火花塞之前要关闭点火开关。 □ 2．注意拔插头时不能拽电线线束。 □ 3．注意放火花塞时要用工具轻放。 □ 4．注意火花塞紧固力矩。 **三、技术要求** □ 1．拆卸下来的点火线圈按发动机气缸数顺序进行摆放，在安装时依次装配。 □ 2．装配新火花塞前建议进行新旧比对。 □ 3．火花塞按标准力矩拧紧后，可再次进行紧固。 □ 4．更换完火花塞后建议试车（可以更好地检测车辆点火系统工作正常性）。
质量验收	□ 检查火花塞选择型号是否正常。　　　　　　　　　　　是 □　否 □ □ 检查火花塞的安装力矩是否正常。　　　　　　　　　　是 □　否 □ □ 检查火花塞的外观颜色是否正常。　　　　　　　　　　是 □　否 □ □ 检测车辆能否起动、各工况是否正常。　　　　　　　　是 □　否 □
检查与评估	
6S 管理规范 （教师点评）	□ 整理　　□ 整顿　　□ 清扫　　□ 清洁　　□ 素养　　□ 安全
成绩评定 （学生总结）	小组对本人的评定：□ 优　　□ 良　　□ 及格　　□ 不及格 学生本次任务成绩：□ 优　　□ 良　　□ 及格　　□ 不及格

专业考核评分表——奔驰火花塞的更换

班级：		组别：	组长：	日期：		
技术标准：火花塞的更换流程						
序号	作业项目	考核内容	考核标准	分值	扣分	得分
1	准备环节	正确选用工具	选错1次扣1分	2		
2		做好防护	少做1项扣2分	4		
3		做好安全检查	漏掉1项扣2分	4		
4	火花塞的更换环节	关闭点火开关	未关闭点火开关扣5分	5		
5		清理发动机舱	未清理扣10分	10		
6		拔下点火线圈插头	拉扯电线线束扣10分	10		
7		拆卸点火线圈并摆放整齐	未拆卸及未按顺序摆放扣10分	10		
8		使用专用工具拆卸火花塞并摆放整齐	未使用专用工具和摆放不整齐，各扣5分	10		
9		火花塞的检查	不能通过检查判断燃烧室状况的扣10分	10		
10		对新旧火花塞型号及外观进行对比	未操作该项的扣5分	5		
11		安装火花塞及点火线圈	火花塞紧固力矩错误扣5分，有未完全复位的扣10分	10		
12		起动检查	未在各个工况下都做检查的扣5分，未检查扣10分	10		
13	项目实训时间	0～20min　　　　　10分 >20～25min　　　　8分 >25～30min　　　　5分 >30min　　　　　　0分		10		
质检员：		评分员：		合计得分		

教师点评：

团队合作：优秀 □　良好 □　及格 □　　　　分工明确：优秀 □　良好 □　及格 □

专业标准：优秀 □　良好 □　及格 □　　　　操作规范：优秀 □　良好 □　及格 □

教师签字：　　　　　　　　　　　　　　　　　　　　　年　　月　　日

注：实训未按规范操作，导致出现设备损坏或人身伤害，本次考核记0分。

实训项目八　奔驰发动机电控系统认知与检测

任务一　奔驰发动机电控系统认知

________学时

班级：	组别：	姓名：	掌握程度： □ 优 □ 良 □ 及格 □ 不及格

一、工作任务

1．了解奔驰各传感器的作用及安装位置。

2．熟悉奔驰各传感器的工作原理。

3．掌握奔驰各传感器的检测方法。

二、项目认知

1．奔驰发动机电控系统组成

奔驰发动机电控系统主要由进气系统、排气系统、燃油系统等组成。

2．进气系统知识的认知

（1）组成：进气系统由__________、__________、__________、__________、进气歧管等组成。

（2）奔驰空气滤清器的位置：______________________________，如图 8-1 所示。

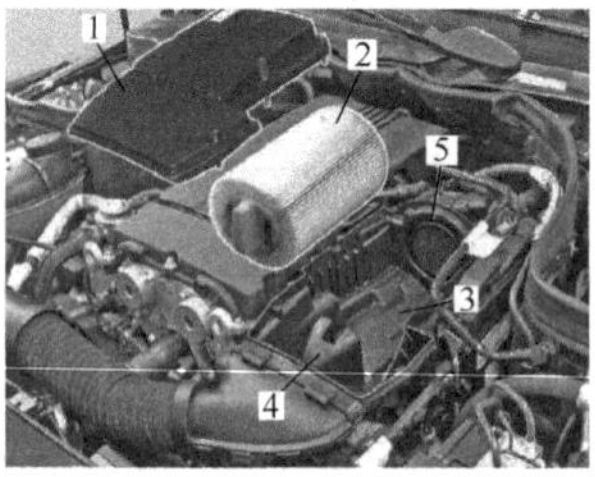

1—空气滤清器上盖；2—空气滤清器；3—空气滤清器下壳体；4—进气管；5—空气流量计

□ 图 8-1　空气滤清器的位置

（3）奔驰空气流量传感器（MAF）的位置：____________，如图 8-2 所示。

B2/5b1 进气温度传感器的作用是________________________。

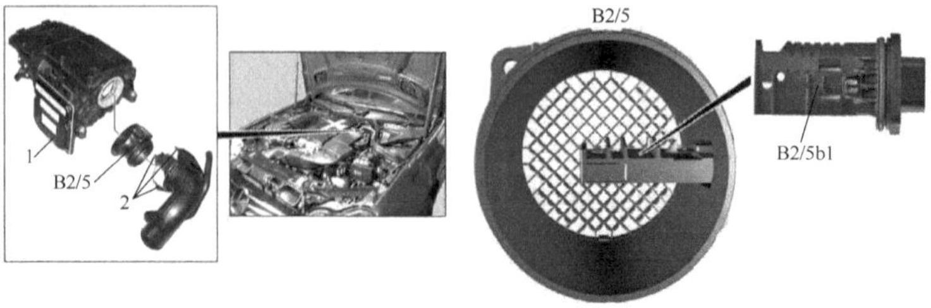

1—发动机控制单元（ECU）；2—发动机进气管；B2/5—热膜式空气流量传感器；B2/5b1—进气温度传感器

□ 图 8-2　空气流量传感器

（4）奔驰进气歧管压力传感器的位置：＿＿＿＿＿＿＿＿＿＿＿＿＿＿＿＿＿＿＿＿＿＿，
如图 8-3 所示。

1—进气歧管压力传感器连接器；2—进气歧管压力传感器固定螺栓；B28—进气歧管压力传感器

□ **图 8-3 进气歧管压力传感器的位置**

（5）奔驰节气门位置传感器的位置：＿＿＿＿＿＿＿＿＿＿＿＿＿＿＿＿＿＿＿＿＿，如
图 8-4 所示。

1—节气门固定螺栓；2—进气口；3—进气软管；4—节气门位置传感器连接器；M16/6—节气门驱动电动机

□ **图 8-4 节气门位置传感器的位置**

3．进气系统部件

（1）进气系统部件的作用。

① 空气滤清器的作用：＿＿＿＿＿＿＿＿＿＿＿＿＿＿＿＿＿＿＿＿＿＿＿＿＿。

② 空气流量传感器（MAF）的作用：记录＿＿＿＿＿＿，并集成了进气温度传感器，还
可记录＿＿＿＿＿＿。

③ 进气歧管压力传感器的作用：记录进气歧管中的绝对压力，内燃机利用进气歧管压
力传感器计算＿＿＿＿＿＿。

④ 节气门的作用：控制和调节发动机的＿＿＿＿＿＿。

（2）进气系统部件的结构组成及工作原理。

① 热膜式空气流量传感器。

• 图 8-5(a)中 1、2、3、4、5 接线插头的含义是：_____。

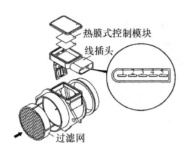
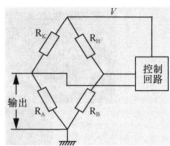

R_H—热膜电阻；R_K—温度补偿电阻；R_A—精密电阻；
V—调节电压；R_B—电桥电阻

（a）组成　　　　　　　　　　（b）控制图

□ 图 8-5　热膜式空气流量传感器

• 工作原理：图 8-5（b）所示为热膜式空气流量传感器控制图。

其中，R_H、R_K、R_A、R_B 组成惠斯顿电桥的四个臂，将热膜电阻 R_H 与温度补偿电阻 R_K（冷线）同置于所测量的通道中，使 R_H 与气流的温差维持 100℃或 150℃。当气流加大时散热加快，R_H 降温，阻值_____，电桥失去平衡，这时_____会提高桥压使电桥恢复平衡，通常取 R_A 上的压降为_____。发动机 ECU 用此电压测量所用空气质量。

② 进气歧管压力传感器如图 8-6 所示。

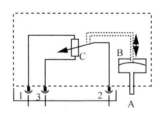

B28—进气歧管压力传感器；A—压力表连接器；B—膜片；C—电位计

图 8-6　进气歧管压力传感器原理图

图 8-6 中，针脚 1 为_____；针脚 2 为_____；针脚 3 为_____。

进气歧管压力传感器的工作原理如下。膜片 B 一面通过真空室，一面承受来自进气歧管中气体压力，在此气体压力的作用下，膜片 B 产生变形，且压力越大，变形越_____。与膜片 B 相连的电位计 C 电阻发生变化；针脚 2 上获取的电压值发生相应变化，发动机 ECU 用此电压可间接地测量出_____。

③ 节气门位置传感器如图 8-7 所示。

针脚 1：_____；针脚 2：_____；针脚 3：_____；针脚 4：_____；

针脚 5：_____；针脚 6：_____；M16/6m1：_____；

工作原理如下。发动机 ECU 接收到_____的位置信号后，计算出需求后打开电子节气门，再由节气门位置传感器检测其节气门开度位置反映给发动机 ECU，由驱动电动机控制_____的开度。

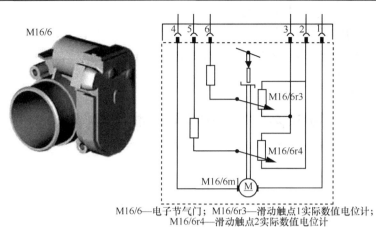

M16/6

M16/6—电子节气门；M16/6r3—滑动触点1实际数值电位计；
M16/6r4—滑动触点2实际数值电位计

□ 图8-7 节气门位置传感器

4．进气系统部件保养与维护

（1）空气滤清器的更换：建议使用一年或者行驶里程达 20 000km 时更换，空气滤清器的更换周期受使用环境影响。更换方法如图8-8所示。

（2）清洗节气门（见图8-9）：建议车辆每行驶_____万 km 清洗一次。清洗方法：现在一般都用_____清洗。

□ 图8-8 更换空气滤清器　　　　　　　□ 图8-9 清洗节气门

（3）电子节气门匹配。

① 使用奔驰专用诊断仪或"X431-PADV 设备"（通用型诊断仪），选择"奔驰"车型，连接进入相应的界面后选择"自动搜索"功能，如图8-10所示。

菜单显示
奔驰V48.50>自动搜索
激活燃油泵
自学习节气门匹配
M59（进气歧管漩涡叶片执行器电机）
混合物自适应值的复位
传感器转子加速度自适应
控制单元 'ME'自学习中

□ 图8-10 节气门匹配（1）

② 选择"_____"扫描出全车系。

③ 选择"发动机控制模块"。

④ 选择"特殊功能"然后选择"_____"。

⑤ 打开点火开关，节气阀自适应状态会显示为"未学习"（见图8-11），根据提示选择"F1：起动学习过程"。

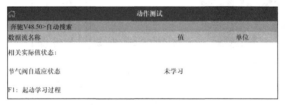

□ 图8-11 节气门匹配（2）

⑥ 等待几秒，会提示"_____"，如图8-12所示。

□ 图8-12 节气门匹配完成

5．奔驰排放系统

汽车排放污染物一般有HC（_____）、NO_x（氮氧合物）、CO（_____）、PM（微粒）等，通过更好的_____的活性层、二次空气喷射以及带有冷却装置的排气再循环系统等，来减少污染物排放，通过氧传感器反馈实现喷油闭环控制，调节和降低汽车排放污染物到限定数值。

（1）三元催化器及氧传感器的安装位置如图8-13和图8-14所示。写出两图中各部件的名称。

156/3的名称为_____；G3/1的名称为_____；G3/2的名称为_____；
157的名称为_____；GB/1x1的名称为_____G3/2x1的名称为_____。

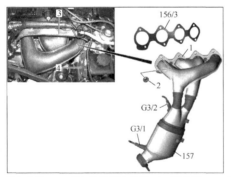

1—排气歧管；2—排气歧管固定螺母；3—隔热板；4—增压器

□ 图8-13 三元催化器的位置及结构

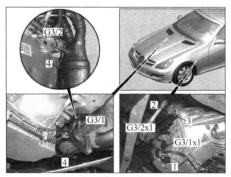

1、2—支架；3—平衡电阻器；4—三元催化器

□ 图8-14 氧传感器的位置

（2）排放系统的组成（见图 8-15）、各元件作用及工作原理。

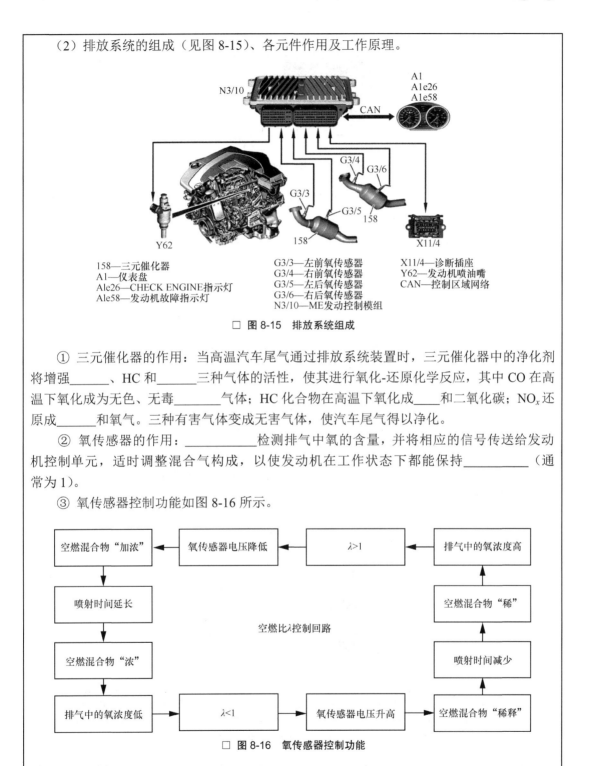

158—三元催化器
A1—仪表盘
A1e26—CHECK ENGINE指示灯
A1e58—发动机故障指示灯

G3/3—左前氧传感器
G3/4—右前氧传感器
G3/5—左后氧传感器
G3/6—右后氧传感器
N3/10—ME发动控制模组

X11/4—诊断插座
Y62—发动机喷油嘴
CAN—控制区域网络

□ 图 8-15　排放系统组成

① 三元催化器的作用：当高温汽车尾气通过排放系统装置时，三元催化器中的净化剂将增强_____、HC 和_____三种气体的活性，使其进行氧化-还原化学反应，其中 CO 在高温下氧化成为无色、无毒_____气体；HC 化合物在高温下氧化成____和二氧化碳；NO_x 还原成_____和氧气。三种有害气体变成无害气体，使汽车尾气得以净化。

② 氧传感器的作用：_____检测排气中氧的含量，并将相应的信号传送给发动机控制单元，适时调整混合气构成，以使发动机在工作状态下都能保持_____（通常为 1）。

③ 氧传感器控制功能如图 8-16 所示。

□ 图 8-16　氧传感器控制功能

④ 前氧传感器的内部工作原理如图 8-17 所示。写出图中各序号的含义。

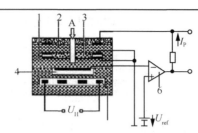

□ 图 8-17　前氧传感器内部工作原理

1：浓差室；2：_____；3：扩散缝隙；4：_____；5：传感器加热器；6：控制电路；A：_____；I_P：加压电流；U_H：_____；U_{ref}：参考电压。

⑤ 后氧传感器内部工作原理如图 8-18 所示。写出图中各序号的名称。

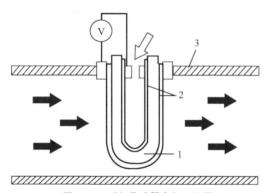

□ 图 8-18　后氧传感器内部工作原理

1：_____；2：_____；3：_____；黑色箭头：废气；白色箭头：车外空气。

6. 燃油系统知识的认知（见图 8-19）

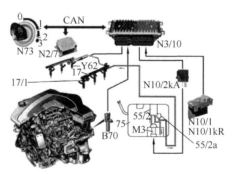

17—油轨；55/2—燃油滤清器（内含燃油压力调节器）；52/2a—燃油压力调节器；75—燃油箱；B70—曲轴位置传感器；M3—燃油泵；N3/10—发动机控制模组；N10/1—左前熔丝盒；N10/1KR—发动机控制模组；T.87—继电器；N10/2KA—燃油泵继电器；N2/7 SRS—控制模组；N73—点火开关；Y62—发动机喷油嘴；17/1—燃油压力存储器

□ 图 8-19　燃油系统的组成结构

燃油泵（M3）将油自_____内的模组吸出，经燃油箱内的油管到包含燃油压力调节器的燃油滤清器（55/2），再经燃油压力调节器（55/2a）调节后送到单一油轨（17）至喷油嘴（Y62）。

燃油压力储存器（17/1）及大容量的油轨调节来确保在_____时有足够的燃油供应。过剩的燃油由燃油压力调节器（55/2a）调节后回到_____。

（1）燃油泵的安装位置在_____，如图 8-20 所示。燃油泵以要求的压力向_____提供要求的燃油量。

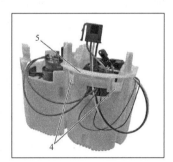

1—燃油管路；2—燃油滤清器；3—浮子连杆；M3—燃油泵；B4/7—燃油压力传感器；B4/1：燃油位置传感器

□ **图 8-20　燃油泵及其安装位置**

（2）燃油滤清器的安装位置在_____，如图 8-21 所示。燃油滤清器的作用是过滤燃油中的_____。

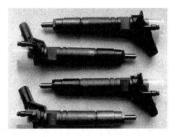

1—固定盖；2、3—电气连接器；4—锁止装置；5—连接器

□ **图 8-21　燃油滤清器及其安装位置**

（3）喷油嘴的安装位置在_____，如图 8-22 所示。喷油嘴由_____发出的喷油时间信号直接驱动，以极细的喷雾形式喷入进气口或燃烧室内。

Y62/1～Y62/4—— 一～四缸喷油嘴

□ **图 8-22　喷油嘴及其安装位置**

（4）燃油系统的控制过程（见图 8-23）：燃油系统控制单元接收到"燃油泵打开"信号后，就会输出控制信号，让燃油泵工作。燃油系统控制单元通过来自＿＿＿＿＿＿的电压信号确定燃油压力。根据燃油需求调节燃油压力，使其在 4.0～6.7 bar（即 0.4～0.67MPa）变化。按照指令来调节供油量，将燃油输送到燃油分配轨道，最后由＿＿＿＿＿＿喷入燃烧室。

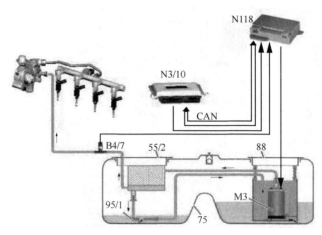

N3/10—发动机控制模块；N118—油泵控制模块；88—油泵模组总成；55/2—燃油滤清器；

B4/7—燃油压力传感器；95/1—回油；75—油箱；M3—燃油泵

☐ 图 8-23　燃油系统的控制原理

∙∙∙∙∙∙∙∙∙∙∙∙∙∙∙∙∙∙∙∙∙∙∙∙∙∙ ☐ 案例分享 ☐ ∙∙∙∙∙∙∙∙∙∙∙∙∙∙∙∙∙∙∙∙∙∙∙∙∙∙

【案例 1】

━━━━【故障现象】━━━━

　　一辆 2014 年奔驰 E260 轿车,底盘型号是 W212，发动机型号为 271，带涡轮增压，行驶里程约 35 080km。用户反映该车发动机故障灯亮后，发动机熄火再重新起动时间比较长，且发动机急加速无力。

━━━━【故障诊断】━━━━

1. 用奔驰专用诊断仪对发动机系统进行诊断，从发动机控制系统里读取到两个故障码。

P008777，系统中的燃油压力过低，不能达到指定位置。

P000277，流量调节阀存在功能故障，不能达到指定位置。

故障码已存储故障码无法清除。

2. 维修技师用奔驰专用诊断仪查看发动机在急速时的实际值，可以看到燃油低压为 600kPa，燃油高压为 359kPa，流量控制阀的控制电流为 0A。

3. 根据数据分析燃油低压系统是正常的，燃油高压系统的压力太低，发动机控制模块检测出流量控制阀的控制电流为 0A，流量控制阀没有得到控制。

根据维修资料电路图，检查 Y94 流量控制阀的电源及控制电路，电路正常。

4. 连接示波器，读取波形。根据波形图可以看出，在起动发动机的时候，发动机控制模块是控制 Y94 流量控制阀的，当发动机正常运转以后，发动机控制模块就不再对 Y94 流量控制阀进行控制。发动机在急速时的波形如图 8-24 所示。

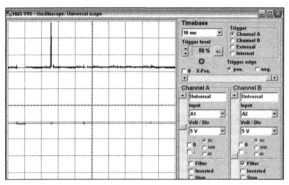

□ **图 8-24　读取波形**

5. 人为给 Y94 流量控制阀通电，可以听到 Y94 流量控制阀有"嗒嗒"的声音。经过上述的检查分析，最后的判断是燃油高压泵损坏。

————————【故障排除】————————

更换燃油高压泵，故障排除。

————————【故障原因】————————

由于在起动发动机时，发动机控制模块对 Y94 流量控制阀进行促动，燃油高压仍然达不到正常的压力，于是发动机控制模块记录 P008777。因燃油高压泵损坏，系统中的燃油压力太低，不能达到指定油压，并且不再对 Y94 流量控制阀进行促动，也因为系统燃油压力低，当遇到急加速等需要供油量大的情况时，燃油供应不足、雾化不好，从而出现了加速不良的故障。

————————【案例总结】————————

本故障虽然报了"P000277，流量调节阀存在功能故障，不能达到指定位置"的故障码，但真正的故障原因是燃油高压泵损坏，对于奔驰燃油系统的故障进行诊断与排除时，需要结合燃油系统的控制原理去分析，才可准确地找到故障发生的原因，并采取相应的方法予以排除。

【案例2】

————————【故障现象】————————

一辆 2018 年奔驰 S450 4MATIC 车，搭载 276.824 发动机，行驶里程仅 90km。用户反映该车购买时加满燃油行驶一段时间后，发动机故障灯异常点亮。

【故障诊断】

1. 该车为新车，没有维修过，也没有加装、改装及涉水行驶。维修人员试车发现，发动机怠速运转平稳，加速正常，只是发动机故障灯异常点亮。

2. 用奔驰专用检测仪（XENTRY 诊断系统）对车辆进行快速检测，发现发动机控制单元（ME）中存储了故障码"P003600 氧传感器2（气缸列1）的加热器输出端存在电气故障或断路"，且在发动机运转时，该故障码的状态为"当前存在"；将发动机熄火，接通点火开关时，故障码的状态变为"已存储"，如图 8-25 所示。

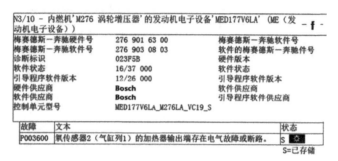

□ **图 8-25 故障码显示**

3. 根据电路图，检查氧传感器，如图 8-26 所示。

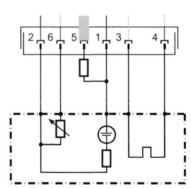

1—氧离子泵控制；2—虚拟搭铁；3—加热控制 PWM；4—加热 12V 供电；5—传感器匹配/微调；6—参考电压

□ **图 8-26 氧传感器电路图**

（1）目测检查右侧后氧传感器线束，没有发现明显的磨损、挤压等现象。

（2）断开右侧后氧传感器导线连接器 X1，端子无脏污、腐蚀现象；测量右侧后氧传感器侧端子 1 与端子 2 间的电阻，为 4.2Ω（标准值为 2～14Ω），说明加热器正常；使用奔驰专用的测试插针对导线连接器 X1 端子 1 和端子 2 进行了松紧度测试，无松动现象。

（3）测量导线连接器 X1 端子 1 上的电压，为 12.94V，正常；测量端子 2 上的电压，为 3.47V（标准值为 2～5V），也正常。

（4）检查发动机控制单元导线连接器 M 端子 21，有轻微松动，重新紧固该端子后试车，故障依旧。

（5）再次断开导线连接器 X1，测量端子 1 上的电压，为 12.94V；在不断开万用表的情况下，顺着右侧后氧传感器上游线束，边用手拉扯线束边观察万用表读数，发现当拉扯靠近 Z7/36z1 接点区域的线束时，万用表电压读数突然变为 0.00V，明显不正常，由此推断 Z7/36z1 接点与导线连接器 X1 之间的线路存在虚接，且 Z7/36z1 接点处存在故障的可能性较大。

（6）拆开发动机上部线束封装盒进行检查，发现 Z7/36z1 接点上有 1 根导线的绝缘层没有剥离干净，存在接触不良的现象。将此导线单独取出，测量其与导线连接器 X1 端子 1 之间的电阻，为 0.1Ω，说明该导线就是右侧后氧传感器加热器的供电线。

【故障排除】

将右侧后氧传感器加热器供电线的绝缘层剥离干净，并更换 Z7/36z1 接头后试车，发动机故障灯不再点亮，故障排除。

【故障原因】

因为加热器供电线绝缘层未处理干净，造成接触不良，导致了发动机故障灯点亮。

【案例总结】

如果供电线路存在虚接，而不是断路，那么在断开导线连接器的情况下所测得的供电电压是正常的，所以在断开导线连接器 X1 后测得其端子上的电压为 12.94V，而当用手拉扯线束时，在某一时刻供电线路由虚接变成断路，此时供电电压变为 0.00V。因此，为快速判断供电线路是否存在虚接，应在线测量供电电压，因为在回路状态下，虚接电阻会明显拉低供电电压。

任务二 奔驰氧传感器的检测

_____学时

班级：	组别：	姓名：	掌握程度： □ 优 □ 良 □ 及格 □ 不及格
实训目的	掌握奔驰氧传感器的检测方法。		
安全注意 事项	注意设备及个人安全，规范操作。		
教学组织	每辆车按6位学员（组长1人、主修1人、辅修1人、观察员1人、评分1人、质检1人）作业，循环操作。		
操作步骤 演示			

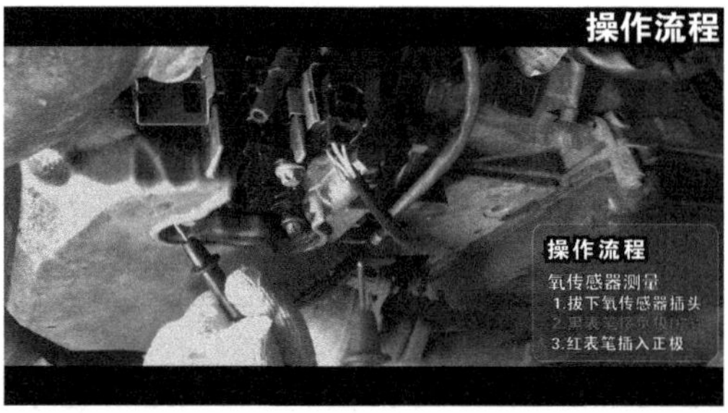

任务	作业记录内容　　☑ 正确　　☒ 错误
前期准备	□ 1. 护具——整车防护七件套（车外三件套——前翼子板垫/左翼子板垫/右翼子板垫，车内四件套——转向盘套/脚垫/座椅套/变速器操作杆套），如图8-27和图8-28所示。 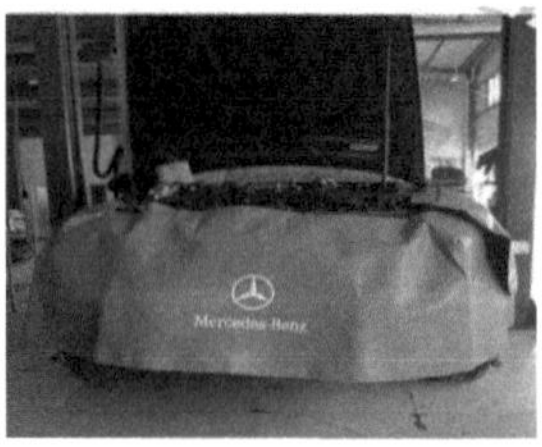 □ 图8-27　车外三件套 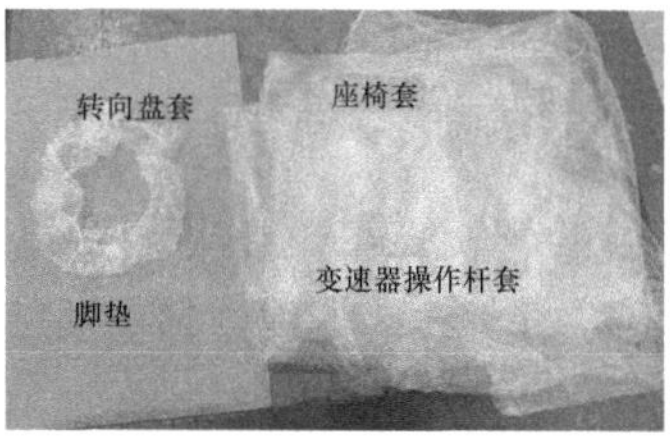　　　□ 图8-28　车内四件套 □ 2. 工具——万用表、诊断仪等，如图8-29和图8-30所示。

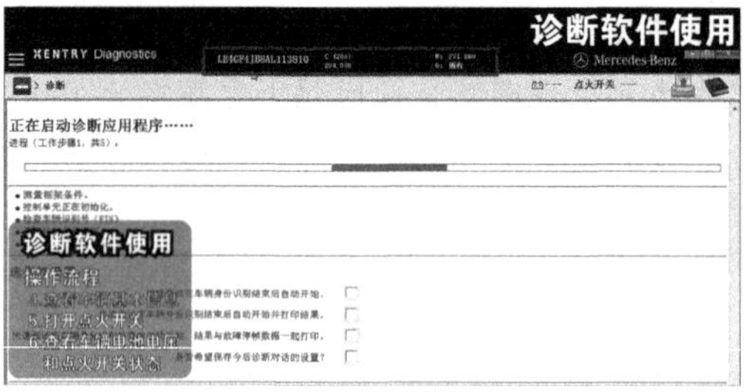

	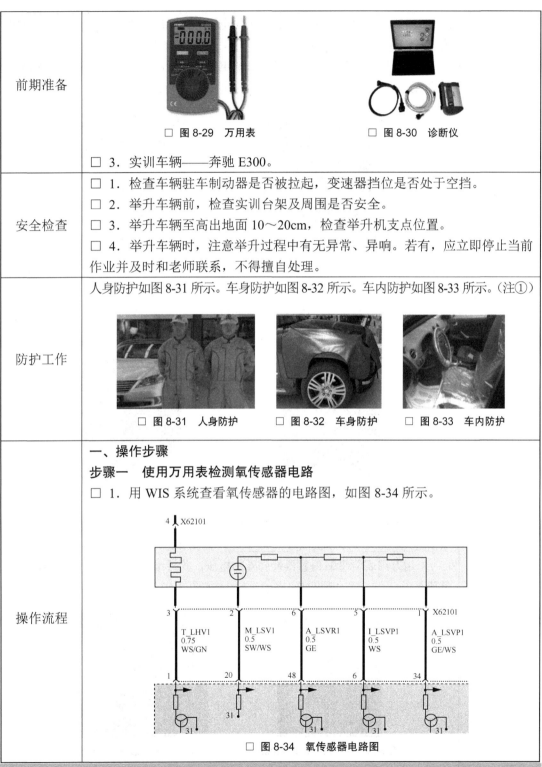
前期准备	□ 图 8-29　万用表　　　　　　　□ 图 8-30　诊断仪 □ 3．实训车辆——奔驰 E300。
安全检查	□ 1．检查车辆驻车制动器是否被拉起，变速器挡位是否处于空挡。 □ 2．举升车辆前，检查实训台架及周围是否安全。 □ 3．举升车辆至高出地面 10～20cm，检查举升机支点位置。 □ 4．举升车辆时，注意举升过程中有无异常、异响。若有，应立即停止当前作业并及时和老师联系，不得擅自处理。
防护工作	人身防护如图 8-31 所示。车身防护如图 8-32 所示。车内防护如图 8-33 所示。（注①） □ 图 8-31　人身防护　　　□ 图 8-32　车身防护　　　□ 图 8-33　车内防护
操作流程	**一、操作步骤** **步骤一　使用万用表检测氧传感器电路** □ 1．用 WIS 系统查看氧传感器的电路图，如图 8-34 所示。 □ 图 8-34　氧传感器电路图

注①：安全防护要到位。

操作流程	□ 2．用万用表测量氧传感器针脚 1 的电压，其标准值为_____，实际测量值是_____，判断是_____，如图 8-35 所示。 □ 3．用万用表测量氧传感器针脚 2 的电压，其标准值为_____，实际测量值是_____，判断是_____，如图 8-36 所示。   □ 图 8-35　氧传感器针脚 1 检测　　　□ 图 8-36　氧传感器针脚 2 检测 □ 4．用万用表测量氧传感器针脚 3 的电压，其标准值为_____，实际测量值是_____，判断是_____，如图 8-37 所示。 □ 5．用万用表测量氧传感器针脚 4 的电压，其标准值为_____，实际测量值是_____，判断是_____，如图 8-38 所示。   □ 图 8-37　氧传感器针脚 3 检测　　　□ 图 8-38　氧传感器针脚 4 检测 □ 6．用万用表测量氧传感器针脚 5 的电压，其标准值为_____，实际测量值是_____，判断是_____，如图 8-39 所示。 □ 7．用万用表测量氧传感器针脚 6 的电压，其标准值为_____，实际测量值是_____，判断是_____，如图 8-40 所示。   □ 图 8-39　氧传感器针脚 5 检测　　　□ 图 8-40　氧传感器针脚 6 检测

操作流程	**步骤二 读氧传感器（λ值控制）数据流** ☐ 1. 关闭点火开关，连接奔驰专用诊断仪。 ☐ 2. 打开点火开关，进入诊断仪界面，选择对应的车型，如图8-41所示。  ☐ 图8-41 选择对应车型 ☐ 3. 起动发动机使其怠速运转2～3min，读取氧传感器数据流，标准的数据（以针脚6为例）是＿＿＿＿＿＿＿＿，实测的数值是＿＿＿＿＿＿＿＿，如图8-42所示。  ☐ 图8-42 氧传感器针脚6数据流 ☐ 4. 6S管理及车辆复位。

操作流程	**二、注意事项** □ 1．要等到氧传感器进入工作状态才可测量。 □ 2．读取数据流时要踩加速踏板观察氧传感器的电压变化是否正常。 **三、技术要求** □ 1．掌握氧传感器的测量方法。 □ 2．学会用数据流分析故障。	
质量验收	□ 起动发动机，检查发动机故障灯是否点亮。	是□　否□
	□ 起动车辆，检查怠速、加速是否正常。	是□　否□
	□ 与施工单对照检查项目的完成情况。	是□　否□
	□ 检查工具、设备是否有遗漏在车上。	是□　否□
检查与评估		
6S 管理规范 （教师点评）	□ 整理　□ 整顿　□ 清扫　□ 清洁　□ 素养　□ 安全	
成绩评定 （学生总结）	小组对本人的评定：□ 优　　□ 良　　□ 及格　　□ 不及格 学生本次任务成绩：□ 优　　□ 良　　□ 及格　　□ 不及格	

专业考核评分表——奔驰氧传感器的检测

班级：　　　　　　组别：　　　　　　组长：　　　　　　日期：

技术标准：1. 氧传感器数据流的读取方法；2. 氧传感器检测操作流程

序号	作业项目	考核内容	考核标准	分值	扣分	得分
1	准备环节	正确选用工具	选错 1 次扣 1 分	2		
2		做好防护	每少做 1 项扣 2 分	4		
3		做好安全检查	每少做 1 项扣 2 分	4		
4	氧传感器的检测	用 WIS 系统查看氧传感器的电路图	按照流程规范检测，错 1 次扣 5 分	10		
5		用万用表测量针脚 1 电压		5		
6		用万用表测量针脚 2 电压		5		
7		用万用表测量针脚 3 电压		5		
8		用万用表测量针脚 4 电压		5		
9		用万用表测量针脚 5 电压		5		
10		用万用表测量针脚 6 电压		5		
11	数据流读取	关闭点火开关，正确连接诊断仪	操作不正确扣 15 分	15		
12		打开点火开关，进入诊断界面	操作不正确扣 10 分	10		
13		读取及分析数据流	能读、会分析，错 1 项扣 10 分	15		
14		项目实训时间	0～13min　　　　　10 分 ＞13～15min　　　　8 分 ＞15～17min　　　　5 分 ＞17min　　　　　　0 分	10		

质检员：　　　　　　　　评分员：　　　　　　　　　　　　合计得分

教师点评：

团队合作：优秀 □　良好 □　及格 □　　　　　分工明确：优秀 □　良好 □　及格 □

专业标准：优秀 □　良好 □　及格 □　　　　　操作规范：优秀 □　良好 □　及格 □

教师签字：　　　　　　　　　　　　　　　　　年　　月　　日

注：实训未按规范操作，导致出现设备损坏或人身伤害，本次考核记 0 分。

任务一　奔驰底盘系统认知

_____学时

班级：	组别：	姓名：	掌握程度： □ 优 □ 良 □ 及格 □ 不及格

一、工作任务

1. 了解典型宝马与奔驰车底盘系统对比。

2. 熟知奔驰底盘系统组成及作用。

3. 掌握奔驰制动系统、转向系统、行驶系统的检查与保养方法。

二、项目认知

1. 宝马 316Li 时尚型和奔驰 C180 L 底盘系统对比

表 9-1 所示为 2015 款宝马 316Li 时尚型和 2015 款奔驰 C 180 L 底盘动力系统对比，请查询资料，将表 9-1 内容补全。

□ 表 9-1　2015 款宝马 316Li 时尚型和 2015 款奔驰 C180 L 底盘动力系统对比

车型	2015 款宝马 316Li 时尚型	2015 款奔驰 C 180 L
最大功率	100kW（136 马力）（4 400～6 450r/min）	115kW（156 马力）（5 500r/min）
峰值扭矩	220N·m（1 350～4 300r/min）	_____N·m（1 200～4 000r/min）
变速器类型	8 速手自一体变速器	_____速手自一体变速器（标配换挡拨片）
驱动形式	前置后驱	_____
转向助力形式	电子助力转向	_____
前/后悬架	前：双球节弹簧减振支柱前桥 后：多连杆独立悬架	前/后：_____

2. 奔驰底盘系统组成及作用

（1）奔驰底盘系统主要是由传动系统、_____系统、行驶系统及_____系统等组成的。

（2）传动系统的作用是_____，它主要由_____器及传动轴等组成。

（3）奔驰常见的变速器有_____变速器、_____以及 9AT 和 7AT 自动变速器。根据保养周期来更换自动变速器油，将表 9-2 内容补全。

3. 奔驰制动系统认知

（1）作用及组成。

制动系统的作用是使汽车按照驾驶员的要求进行强制_____甚至停车；使停驶汽车在各

种道路条件下稳定_____车；使下坡行驶的汽车速度保持_____。

□ 表 9-2　变速器保养周期与变速器油加注量

车型	变速器型号	油堵力矩/（N·m）	变速器油加注量	更换周期/km
老 A 级	CVT	22		
老 B 级	CVT	22		
新 A 级	DCT	30		
新 B 级	DCT	30		
C 级	722.9	22		
E 级	722.9	22		
S 级	722.9	22		
新 C/E/S 级	725	一次性油堵		

奔驰制动系统包括_____（ESP）、_____（BAS）、_____系统（ABR）及（SBC）、再生_____系统（RBS）等。

（2）辅助制动系统认知。

① 电子稳定系统（ESP）包含_____及_____系统功能上的延伸。该系统是在各种行驶条件下能提高车辆行驶稳定性的_____体系。当车辆在转向时，有时会产生"过度转向"或"转向不足"的情况。如果不矫正，则车辆会偏离正确行驶轨迹，严重时发生事故。ESP 根据"从外部作用于车辆上的所有力都会使车辆环绕其重心而转动"的原理，通过对前、后桥一个以上的车轮进行制动干预，迅速克服上述缺陷，使车辆不偏离正确的行驶轨迹，确保安全，如图 9-1 所示。

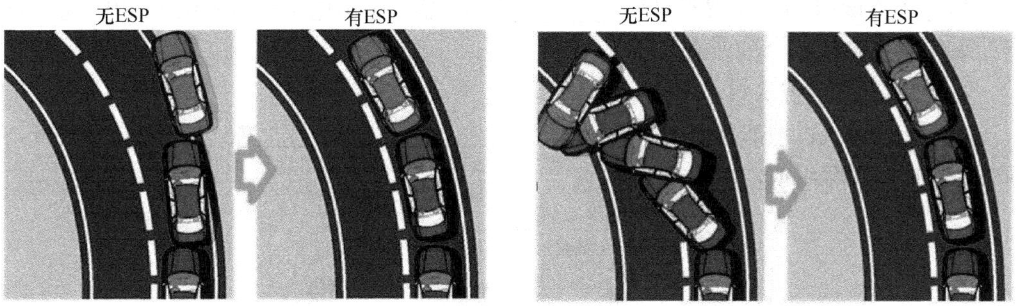

（a）转向不足的情况　　　　　　　　　（b）转向过度的情况

□ 图 9-1　在转向不足或转向过度时有无 ESP 的对比

② 制动辅助系统（见图 9-2）可通过感应制动_____和_____检测制动情形，然后对制动器施加最适宜的压力。

③ 奔驰自适应制动系统属于_____系统，可以在突发情况下协助驾驶人对车辆进行有效制动，从而可提高车辆的主动安全性。

④ 电子感应制动控制系统（见图 9-3）是_____系统，取消了部件_____，增加了制动模拟器。

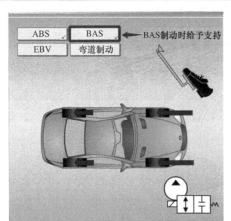
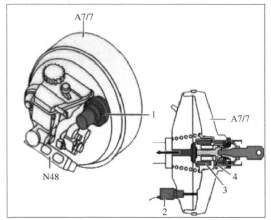

1、2—BAS 膜片行程传感器；3—BAS 电磁阀；4—BAS 解锁开关；
N48—制动辅助控制系统（无 ESP 车辆）；A7/7—真空助力器

□ 图 9-2　制动辅助系统

□ 图 9-3　电子感应制动控制系统

⑤ 再生制动系统，配置于采用_____的车辆，是由电子稳定系统（ESP）进一步发展而来的，且包含 ESP 的所有功能。

4．奔驰转向系统认知

（1）转向系统机械部分由_____、_____、_____、转向器、直拉杆、横拉杆、转向节臂等组成，如图 9-4 所示。

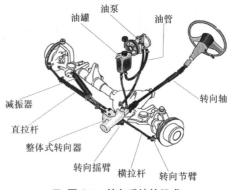

□ 图 9-4　转向系统的组成

（2）奔驰 C200 速度感应助力转向（SPS）电控部分由_____、_____、转向柱调整控制杆、车速感应助力转向电磁阀、ESP 控制单元等组成。

5．奔驰行驶系统的认知

（1）汽车的行驶系统由_____、车轮和_____等组成。行驶系统接受经_____传来的转矩，并通过驱动轮与路面间的附着作用，产生汽车牵引力，保证汽车_____；缓和不平路面对车身造成的_____和振动，保证汽车行驶的平稳性。

（2）车轮认知。查询有关资料将表 9-3 内容补全。

□ 表 9-3　宝马 316Li 时尚型与奔驰 C180 L 的轮圈/轮胎对比

车型	2015 款宝马 316Li 时尚型	2015 款奔驰 C180 L
轮胎型号	倍耐力 Cinturato P7	_____
轮胎规格	225/55 R16	_____
轮圈规格	约 40.6cm（16 英寸）	_____
备胎类型	无备胎	_____

6．奔驰空气悬架系统（Airmatic System）（见图 9-5）

（1）空气悬架具有_____、水平调整功能和自适应减振功能。

（2）空气悬架是一种全支撑的悬挂系统。当发动机运转时根据载荷保持车的高度。控制模块根据 2 个前轴高度传感器和 1 个后轴高度传感器的信号，发出信号来控制分配阀，从而调整车身的高度。当发动机不运转时，储压罐里的压力也可以用来调整车身高度。

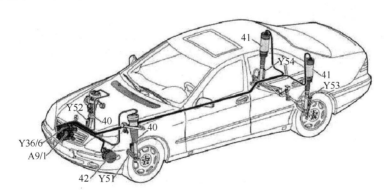

40—前减振器；41—后减振器；42—空气悬架储压罐；A9/1—空气泵；Y36/6—水平控制阀；

Y51—左前减振阀；Y52—右前减振阀；Y53—左后减振阀；Y54—右后减振阀

□ 图 9-5　奔驰空气悬架系统

（3）奔驰空气悬架控制过程如图 9-6 所示。

① 切断位置功能。

车辆静止，控制模块识别到 4 个车轮无负载时，会关闭_____，使减振器气压不变，车辆保持当前的高度。

② 正常功能（发动机运转时）。

车辆静止时，一个车门或行李箱被打开后，车身高度相差＿＿＿＿＿mm 会重新调整。

车辆行驶时，车身高度相差＿＿＿＿＿时会重新调整。

车上加载时，车身高度降低被控制模块识别，打开＿＿＿对减振器进行充气，直到车身高度达到规定值。反之，卸载时压力释放阀（装配在分配阀单元）打开。

③ 唤醒功能（持续时间为 1min）。

通过遥控钥匙、门开关、行李箱可以唤醒控制模块，然后检测车身高度并做调整。如果车身高度低于＿＿＿＿＿mm，储压罐的压力大于 1.1MPa 时就会升高车身高度。

如果车身高度低于＿＿＿＿＿mm，使储压罐的压力小于 1.1MPa 时，空气泵工作，把车身高度调整到＿＿＿＿＿mm（蓄电池电压大于 12.4V）。

当卸载时，若车身高度大于 10mm，自动泄气降低车身高度。

④ 延迟功能。

当点火开关关闭后，任何的加载或卸载使车身高度发生变化时均会自动对车身高度进行调整。

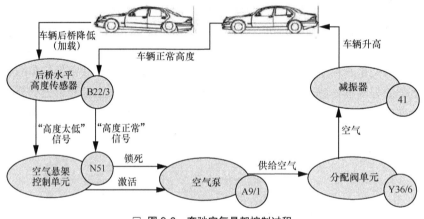

□ 图 9-6　奔驰空气悬架控制过程

·········· □ 案例分享 □ ··········

●—— 【故障现象】 ——●

一辆 2016 款奔驰 E260 轿车，行驶里程是 62 845km，用户反映车辆正常行驶时感觉不到异常，但紧急制动时左边有"点头"现象（车辆前部突然下垂现象）。

●—— 【故障诊断】 ——●

检查发动机及变速器的固定支撑，部件良好，连接可靠。

检查发动机的悬架系统，各部件良好，连接可靠，球头也没有间隙。

重点检查减振器总成，减振器总成良好，没有漏油的现象，减振器与车身的连接也牢固可靠。

　　车身与车轮靠悬架连接，车辆在紧急制动时，车轮被制动突然减速，而车身由于惯性会向前冲，这样就使前部向下压。为了提高安全性和舒适性，电控悬架有阻尼调控功能，紧急制动增加减振的阻尼，使减振变"硬"，用以抵消下压的力。

　　使用奔驰专用诊断仪检测，未发现有故障码，说明悬架的电控系统正常，由此判断左前液压减振器内部故障。

━━━━━●━━━━【故障排除】━━━━●━━━━

　　更换新的左前减振器总成，匹配后试车，"点头"现象不再出现，故障排除。

━━━━━●━━━━【故障原因】━━━━●━━━━

　　减振器内部故障造成阻尼调节效果不好，紧急制动前部压力加大时不能增加足够的反向阻力，导致故障的出现。

━━━━━●━━━━【案例总结】━━━━●━━━━

　　本故障是由液压减振器内部出现问题而造成的，这与我们通常遇到的减振器漏油故障有很大区别，利用工作原理来分析故障对我们解决问题是很重要的。

任务二　奔驰整车底盘检查

_____学时

班级：	组别：	姓名：	掌握程度： □ 优 □ 良 □ 及格 □ 不及格
实训目的	掌握奔驰底盘的制动系统、转向系统和悬架的结构及外部检查方法。			
安全注意 事项	注意设备及个人安全，规范操作。			
教学组织	每辆车按6位学员（组长1人、主修1人、辅修1人、观察员1人、评分1人、质检1人）作业，循环操作。			

| 操作步骤
演示 | |

任务	作业记录内容　☑ 正确　☒ 错误

| 前期准备 | □ 1. 护具——整车防护七件套（车外三件套——前翼子板垫/左翼子板垫/右翼子板垫，车内四件套——转向盘套/脚垫/座椅套/变速器操作杆套），如图9-7和图9-8所示。 |

□ 图9-7　车外三件套　　　　□ 图9-8　车内四件套

前期准备	□ 2．工具——胎压表、撬棍等，如图 9-9 和图 9-10 所示。  □ 图 9-9　胎压表 　　　　　□ 图 9-10　撬棍 □ 3．实训车辆——奔驰 C300。
安全检查	□ 1．检查车辆驻车制动器是否被拉起，变速器挡位是否处于空挡。 □ 2．举升车辆前进行各项操作时，应在车辆前后放置车轮挡块。 □ 3．举升车辆前，检查实训台架及周围是否安全。 □ 4．举升车辆至高出地面 10～20cm，检查举升机支点位置。 □ 5．举升车辆时，注意举升过程中有无异常、异响。若有，应立即停止当前作业并及时和老师联系，不得擅自处理。
防护工作	人身防护如图 9-11 所示。车身防护如图 9-12 所示。车内防护如图 9-13 所示。（注①）  □ 图 9-11　人身防护 　　　□ 图 9-12　车身防护 　　　□ 图 9-13　车内防护
操作流程	**一、操作步骤** **步骤一　车内检查** □ 1．首先确认钥匙处于 ACC 挡位置，检查转向盘自由行程（正常值为 10°～15°），如图 9-14 所示。 □ 2．确认钥匙打开并处于 2 挡位置，观察显示屏是否有底盘维修信息，如图 9-15 所示。  □ 图 9-14　检查自由行程 　　　　□ 图 9-15　显示屏信息

注①：安全防护要到位。

操作流程	□ 3．检查制动踏板的自由行程、是否正常回弹、是否有异响。 **步骤二　胎压检测** □ 1．找到加油盖上有关胎压的铭牌，观察前后轮胎压的标准值，如图 9-16 所示。 □ 2．检查四轮胎压，并按标准调整好各轮胎压，如图 9-17 所示。 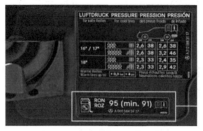  　　□ 图 9-16　胎压信息　　　　　　　□ 图 9-17　调整胎压 **步骤三　检查发动机舱内底盘相关部件** □ 1．检查制动液液位高度，找到 ESP 总成并检查各接口是否漏油，如图 9-18 所示。   　　　　　　　□ 图 9-18　储液罐及 ESP 总成 □ 2．打开转向助力油油壶盖，检查转向助力油液位高度及助力油的品质，如图 9-19 和图 9-20 所示。   　□ 图 9-19　打开转向助力油油壶盖　　□ 图 9-20　检查转向助力油 □ 3．使用液位检查专用标尺检查奔驰自动变速器油液位高度，如图 9-21 所示。打开自动变速器油位检测孔，插入标尺，液面在标尺的两刻度之间为正常（类似于发动机机油尺的使用）。

操作流程	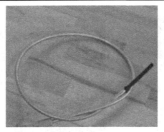 □ 图9-21 检查自动变速器油 **步骤四 底盘的检测** □ 1．松开驻车制动器，举升车辆，让车轮离开地面，锁上保险，检查4个车轮状况，如图9-22所示。 □ 2．上下左右摇晃各个车轮，检查轮毂轴承的状况，并检测车轮是否松动，如图9-23所示。  □ 图9-22 检查车轮状况　　　　□ 图9-23 检查轮毂轴承 □ 3．检查发动机的支撑点，如图9-24所示。 □ 4．检查下摆臂球头是否磨损、球头橡胶套是否损坏，如图9-25所示。 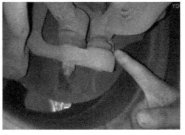 □ 图9-24 检查发动机的支撑点　　　□ 图9-25 检查下摆臂球头 □ 5．检查四轮减振器是否漏油，如图9-26所示。 □ 6．检查四轮制动分泵是否漏油，如图9-27所示。 □ 7．检查车身高度传感器外观及接线是否完好，如图9-28所示。 □ 8．用撬棍检查稳定杆轴套及球头是否松动，如图9-29所示。 □ 9．6S管理及车辆复位。

操作流程	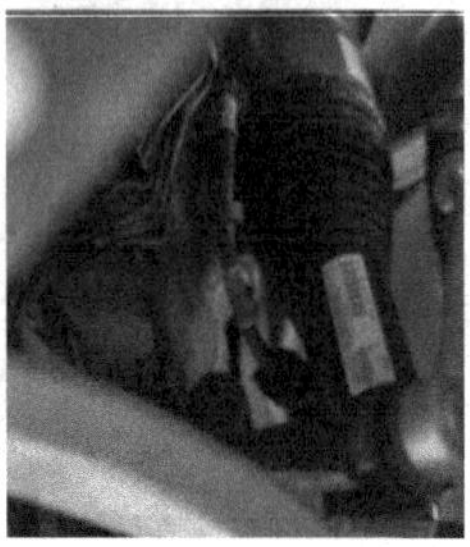 □ 图 9-26　检查减振器 　　　　　□ 图 9-27　检查制动分泵  □ 图 9-28　检查车身高度传感器 　　□ 图 9-29　检查稳定杆轴套及球头 **二、注意事项** □ 1. 注意拉杆的检查方法，避免用力晃动车体，造成危险。 □ 2. 注意有主动悬架结构的车型应在举升前先进入诊断系统设置。 **三、技术要求** □ 1. 正确认知底盘各系统部件。 □ 2. 掌握底盘各系统的日常检查方法。 □ 3. 按照底盘部件固定螺栓规定的扭矩大小操作。
质量验收	□ 与施工单对照检查项目的完成情况。　　　　　　　是 □　否 □ □ 检查工具、设备是否有遗漏在车上。　　　　　　　是 □　否 □
检查与评估	
6S 管理规范 （教师点评）	□ 整理　□ 整顿　□ 清扫　□ 清洁　□ 素养　□ 安全
成绩评定 （学生总结）	小组对本人的评定：□ 优　□ 良　□ 及格　□ 不及格 学生本次任务成绩：□ 优　□ 良　□ 及格　□ 不及格

专业考核评分表——奔驰整车底盘检查

班级：　　　　　组别：　　　　　组长：　　　　　日期：

技术标准：1. 车内检查方法；2. 胎压检查方法；3. 发动机舱内检查方法；4. 底盘检查方法

序号	作业项目	考核内容	考核标准	分值	扣分	得分
1	准备环节	正确选用工具	选错1次扣1分	2		
2		做好防护	少做1项扣2分	4		
3		做好安全检查	漏掉1项扣2分	4		
4	车内检查	转向盘自由行程及显示屏信息的检查	未做扣10分	10		
5		制动踏板性能检查	未做扣10分	10		
6	胎压检查	确认标准胎压值	未做扣5分	5		
7		调整胎压	未做扣5分	5		
8	发动机舱内检查	制动液检查	未做扣5分	5		
9		转向助力油检查	未做扣5分	5		
10	底盘检查	自动变速器油检查	未做扣5分	5		
11		轮毂轴承检查	未做扣5分	5		
12		发动机支撑点的检查	未做扣5分	5		
13		下摆臂球头的检查	未做扣5分	5		
14		减振器的检查	未做扣5分	5		
15		制动分泵的检查	未做扣5分	5		
16		车身高度传感器的检查	未做扣5分	5		
17		稳定杆的检查	未做扣5分	5		
18	项目实训时间		0～20min　　　　　10分 ＞20～25min　　　　8分 ＞25～30min　　　　5分 ＞30min　　　　　　0分	10		

质检员：　　　　　　评分员：　　　　　　　　　　合计得分 |

教师点评：

团队合作：优秀 □　良好 □　及格 □　　　　　分工明确：优秀 □　良好 □　及格 □

专业标准：优秀 □　良好 □　及格 □　　　　　操作规范：优秀 □　良好 □　及格 □

教师签字：　　　　　　　　　　　　　　　　年　　月　　日

注：实训未按规范操作，导致出现设备损坏或人身伤害，本次考核记0分。

实训项目十　奔驰胎压检查及复位

任务一　奔驰胎压认知

______学时

班级：	组别：	姓名：	掌握程度： ☐ 优 ☐ 良 ☐ 及格 ☐ 不及格

一、工作任务

1．了解轮胎及胎压的基础知识。

2．熟悉胎压的检查与调整方法。

3．掌握胎压复位的方法。

二、项目认知

1．胎压的认知

胎压是指轮胎内部空气的______，胎压高低对汽车______和______起着至关重要的作用。

2．胎压标识牌（见图 10-1）

（1）奔驰胎压标识牌的位置：______________________。

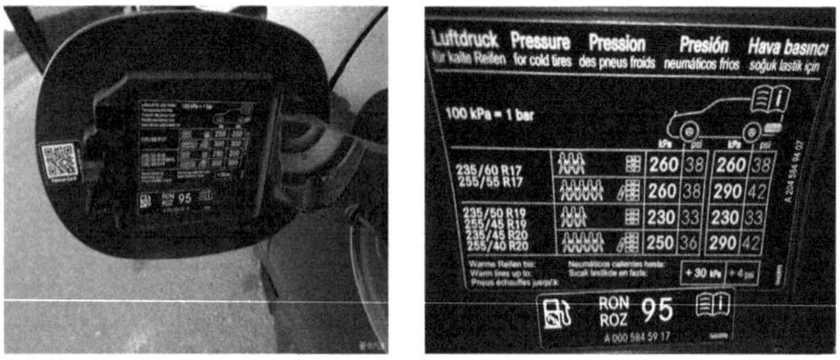

☐ 图 10-1　胎压标识牌

（2）作用：胎压标识牌可告知驾驶人车辆处于最佳行驶状态所需要的______，如果实际胎压______标准胎压则会使轮胎出现不同程度的磨损。

3．胎压单位

车辆胎压常采用______和______、______作为单位，其换算关系为 1bar 等于______kPa，1bar 等于______psi（磅力/平方英寸）。

4．轮胎型号

轮胎型号的含义如图 10-2 所示。

5．车轮气压调整

通过车辆实际配置的轮胎规格找到相对应的______，按照车辆使用情况分为空载和满载进行加压或减压。为了提高驾驶人的舒适性，一般我们采用______进行气压的调整。

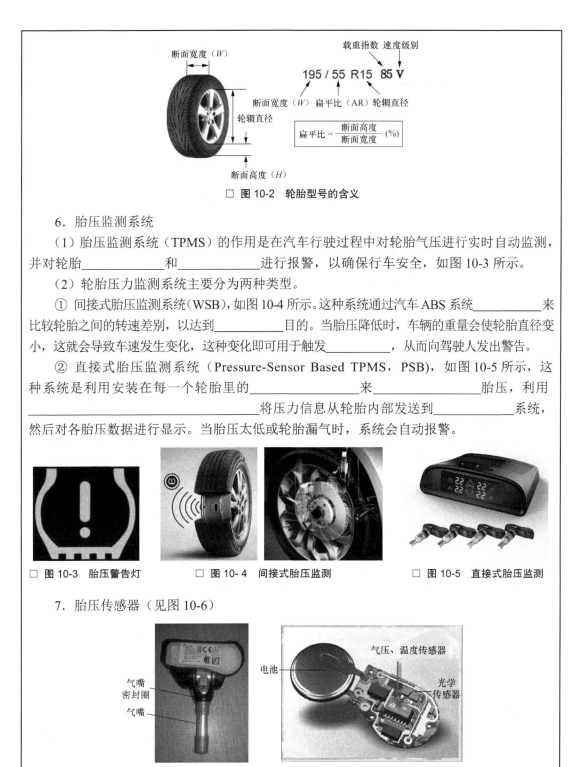

□ 图 10-2　轮胎型号的含义

6．胎压监测系统

（1）胎压监测系统（TPMS）的作用是在汽车行驶过程中对轮胎气压进行实时自动监测，并对轮胎＿＿＿＿＿＿＿和＿＿＿＿＿＿＿进行报警，以确保行车安全，如图 10-3 所示。

（2）轮胎压力监测系统主要分为两种类型。

① 间接式胎压监测系统（WSB），如图 10-4 所示。这种系统通过汽车 ABS 系统＿＿＿＿＿＿来比较轮胎之间的转速差别，以达到＿＿＿＿＿＿目的。当胎压降低时，车辆的重量会使轮胎直径变小，这就会导致车速发生变化，这种变化即可用于触发＿＿＿＿＿＿，从而向驾驶人发出警告。

② 直接式胎压监测系统（Pressure-Sensor Based TPMS，PSB），如图 10-5 所示，这种系统是利用安装在每一个轮胎里的＿＿＿＿＿＿＿＿＿来＿＿＿＿＿＿＿＿＿＿＿胎压，利用＿＿＿＿＿＿＿＿＿＿＿＿＿＿＿＿＿＿将压力信息从轮胎内部发送到＿＿＿＿＿＿＿系统，然后对各胎压数据进行显示。当胎压太低或轮胎漏气时，系统会自动报警。

□ 图 10-3　胎压警告灯　　　　□ 图 10-4　间接式胎压监测　　　　□ 图 10-5　直接式胎压监测

7．胎压传感器（见图 10-6）

□ 图 10-6　胎压传感器

（1）组成：胎压传感器由＿＿＿＿＿＿＿＿＿＿传感器、＿＿＿＿＿＿＿＿、气嘴密封圈、＿＿＿＿＿＿＿、气嘴组成。

（2）胎压监测工作原理如图10-7所示。

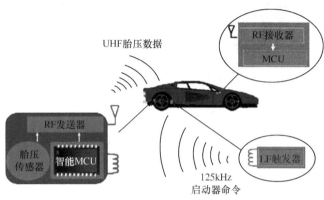

□ **图 10-7　胎压监测工作原理**

① 胎压监测系统主要由胎压传感器、接收器、＿＿＿＿＿＿器构成。

② 胎压监测系统利用安装在轮胎上的胎压传感器来测量轮胎的＿＿＿＿＿和＿＿＿＿，利用无线发射器将信息从轮胎内部发送到＿＿＿＿＿＿模块上，然后对轮胎气压数据进行显示。

③ 胎压传感器用来检测并发送轮胎压力值，每个胎压传感器都有唯一的名字（ID），轮胎压力接收器用来接收胎压传感器发出的数据，并将数据处理后，通过 CAN 总线发送给仪表，仪表则用来显示＿＿＿＿＿信息。一般车型的标准胎压为＿＿＿＿kPa，高压报警值为326kPa，欠压报警值为标准胎压值的 75%，当轮胎出现高压、低压、高温时，系统就会报警提示车主。

········· □ **案例分享** □ ·········

———— 【**故障现象**】 ————

一辆奔驰 2015 款 C300，配置 M274 高功率版本发动机，行驶里程为 28 888km。车辆行驶过程中胎压报警灯点亮，用户下车查看发现四轮无扎钉漏气现象，故把车开到 4S 店进行检查。

———— 【**故障诊断**】 ————

1. 利用奔驰专用诊断仪（XENTRY 诊断系统），检查胎压监测系统控制单元，发现存在故障码："胎压监测模块内部监控故障"。

根据故障现象及故障码，分析判断该车故障点在胎压监测系统。

2. 维修人员根据电路图检查胎压监测系统控制单元线路，未发现有断路及短路等异常情况。

3. 故障码中有"胎压监测控制单元模块软件监控故障"。在打开点火开关时，实际检查胎压监测控制单元的各供电及搭铁端子，信号未见异常。至此，分析为胎压监测系统控制单元内部故障，为验证推断，调换相同车型胎压监测系统控制单元后，删除故障码，再读故障码发现故障排除，但是读取软件版本号时却发现存在异常情况。

————【故障排除】————

维修人员询问用户得知此车没有按厂家要求做软件升级，因此判定车辆很多模块软件版本号都比较老旧，在对胎压监测系统控制单元软件升级以后，进行胎压复位，仪表上报警灯熄灭，再次查看诊断仪，未显示故障码，因此故障排除。

————【故障原因】————

奔驰车的电子模块部件本身比较可靠，发生故障的概率比较低，随着新技术和新功能的出现，或者由于老旧版本本身存在一些不足，因此厂家经常会对系统进行升级，有一些故障只需要升级软件程序就可以解决，此故障就是因为系统版本过低，未进行系统升级而引起的。

————【案例总结】————

本车故障是由胎压监测系统版本过低引起的，对胎压监测系统控制单元进行故障诊断与排除需对软件版本和硬件配置结合起来分析，才可准确地找到故障发生的原因，并采取相应的方法予以排除。

任务二　奔驰胎压检查与复位

_____学时

班级：	组别：	姓名：	掌握程度： □ 优　□ 良　□ 及格　□ 不及格
实训目的	掌握奔驰胎压检测与复位的操作步骤及注意事项。		
安全注意事项	注意设备及个人安全，规范操作。		
教学组织	每辆车按6位学员（组长1人、主修1人、辅修1人、观察员1人、评分1人、质检1人）作业，循环操作。		

任务	作业记录内容　☑ 正确　☒ 错误
前期准备	□ 1. 护具——整车防护七件套（车外三件套——前翼子板垫/左翼子板垫/右翼子板垫，车内四件套——转向盘套/脚垫/座椅套/变速器操作杆套），如图10-8和图10-9所示。  □ 图10-8　车外三件套 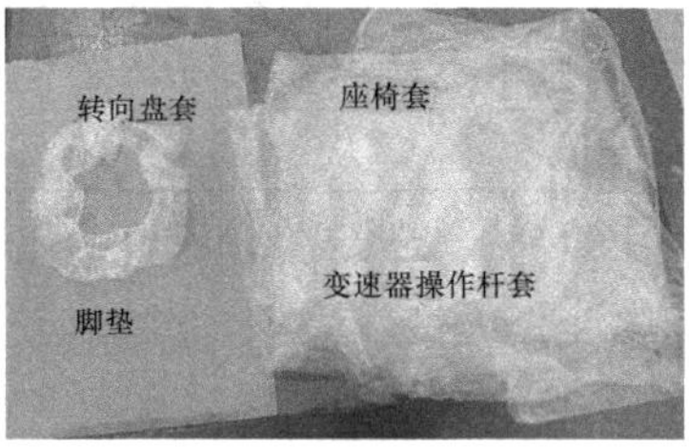　　□ 图10-9　车内四件套 □ 2. 工具——胎压表、吹枪等，如图10-10所示。 □ 3. 耗材——软布、检漏剂，如图10-11所示。  □ 图10-10　胎压表和吹枪 　　□ 图10-11　软布和检漏剂 □ 4. 实训车辆——奔驰C300。
安全检查	□ 1. 检查车辆驻车制动器是否被拉起，变速器挡位是否处于空挡。 □ 2. 举升车辆前，检查实训台架及周围是否安全。 □ 3. 举升车辆至高出地面10～20cm，检查举升机支点位置。 □ 4. 举升车辆时，注意举升过程中有无异常、异响。若有，应立即停止当前作业并及时和老师联系，不得擅自处理。

防护工作	人身防护如图 10-12 所示。车身防护如图 10-13 所示。车内防护如图 10-14 所示。（注①）  □ 图 10-12　人身防护   □ 图 10-13　车身防护　　　　　□ 图 10-14　车内防护
操作流程	**一、操作步骤** **步骤一　校准胎压** □ 1．根据不同车辆的维修手册，找到胎压标识牌，记录前后轮胎压标准值。 □ 2．拆下气门嘴帽，检测前后轮胎压，如图 10-15 所示。  □ 图 10-15　检测胎压 □ 3．按照轮胎气压标准加压，通常进行空载气压校准。 胎压的大小要根据不同的季节来确定，夏天胎压低一点较好，冬天可适当提高。为使用更方便，备用轮胎的压力值尽量高一些，便于应急使用时适当调整。 □ 4．使用检漏剂检查气门嘴是否漏气。 □ 5．检查轮胎的外观（检查是否有磨损、是否有石子夹在轮胎中等）。 □ 6．对备胎进行检查并补充气体。

注①：安全防护要到位。

操作流程	**步骤二　胎压复位** □ 1．将车辆驻车制动器拉起、点火开关打开（不要起动发动机）。 □ 2．首先将钥匙处于 ON 挡位置，通过转向盘左侧方向键，使仪表显示到胎压复位界面，如图 10-16 所示。 □ 3．此时按下转向盘左侧的"OK"键进入胎压复位菜单栏，按下转向盘左侧向下键，选择"轮胎压力"选项，界面如图 10-17 所示。  □ 图 10-16　胎压复位界面（1）  □ 图 10-17　胎压复位界面（2） □ 4．选择"现在 OK？"，通过转向盘"OK"键选择"是"，如图 10-18 所示。界面显示"轮胎压力监测指示灯重新启动"。 □ 5．此时轮胎压力监测重新启用，关闭点火开关，胎压复位成功，如图 10-19 所示。  □ 图 10-18　轮胎压力监测指示灯重新启动

操作流程	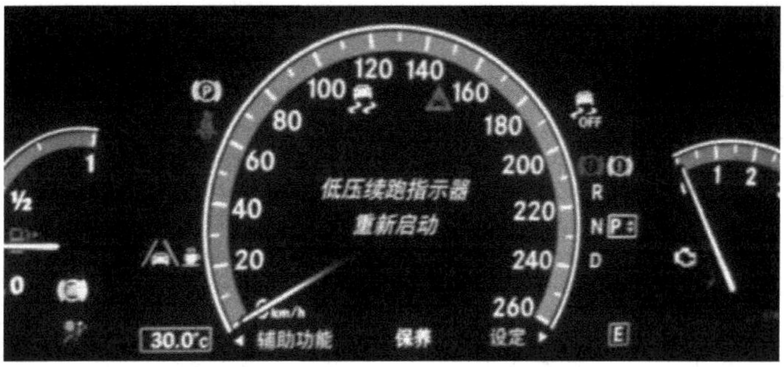 □ 图 10-19　复位成功 □ 6. 6S 管理及车辆复位。 **二、注意事项** □ 1. 注意检查气门嘴是否漏气。 □ 2. 注意手上不要有油渍。 □ 3. 注意复位成功后查看胎压报警灯是否熄灭。 **三、技术要求** □ 1. 正确掌握胎压复位方法。 □ 2. 使用检漏剂（肥皂水）检漏后要用吹枪吹干净。 □ 3. 每次调整了气压后都要进行胎压复位。
质量验收	□ 起动发动机，检查仪表胎压报警灯是否点亮。　　　　是 □　否 □ □ 检查仪表是否有其他报警。　　　　　　　　　　　　是 □　否 □ □ 与施工单对照检查项目的完成情况。　　　　　　　　是 □　否 □ □ 检查工具、设备是否有遗漏在车上。　　　　　　　　是 □　否 □
检查与评估	
6S 管理规范 （教师点评）	□ 整理　□ 整顿　□ 清扫　□ 清洁　□ 素养　□ 安全
成绩评定 （学生总结）	小组对本人的评定：□ 优　□ 良　□ 及格　□ 不及格 学生本次任务成绩：□ 优　□ 良　□ 及格　□ 不及格

专业考核评分表——奔驰胎压检查与复位

班级：		组别：		组长：		日期：	

技术标准：1. 胎压校准流程；2. 胎压复位方法

序号	作业项目	考核内容	考核标准	分值	扣分	得分
1	准备环节	正确选用工具	选错1次扣1分	2		
2		做好防护	少做1项扣2分	4		
3		做好安全检查	漏掉1项扣2分	4		
4	胎压校准环节	胎压铭牌识读	不能找到并识读扣10分	10		
5		胎压检测与胎压校准	调整不到位扣10分	10		
6		气门嘴漏气检查，外观检查及备胎检查	未检查扣10分	10		
7	胎压复位环节	按照前面的操作步骤手动复位胎压系统	手动胎压复位环节，其中一个步骤出错整个复位过程就不能完成，因此作为整体考核，不能复位成功扣50分	50		
8						
9						
10						
11						
12	项目实训时间		0～15min　　　　　10分 ＞15～20min　　　　8分 ＞20～25min　　　　5分 ＞25min　　　　　　0分	10		
质检员：		评分员：			合计得分	

教师点评：

团队合作：优秀 □　良好 □　及格 □ 　　　　　　　分工明确：优秀 □　良好 □　及格 □

专业标准：优秀 □　良好 □　及格 □ 　　　　　　　操作规范：优秀 □　良好 □　及格 □

教师签字：	年　　月　　日

注：实训未按规范操作，导致出现设备损坏或人身伤害，本次考核记0分。

实训项目十一　奔驰制动系统的维护

任务一　电子驻车制动系统认知

______学时

班级：	组别：	姓名：	掌握程度： □ 优 □ 良 □ 及格 □ 不及格

一、工作任务

1．了解电子驻车制动系统的基础知识。

2．熟知电子驻车制动系统的工作原理及相关知识。

3．掌握电子驻车制动伺服电动机的释放方法，并掌握电子驻车制动系统的复位方法。

二、项目认知

1．电子驻车制动系统零部件的认知（以奔驰 C200 为例）

（1）奔驰电子驻车制动指示灯的符号为________________，如图 11-1 所示。

（2）电子驻车制动控制单元（见图 11-2）的作用：________________。

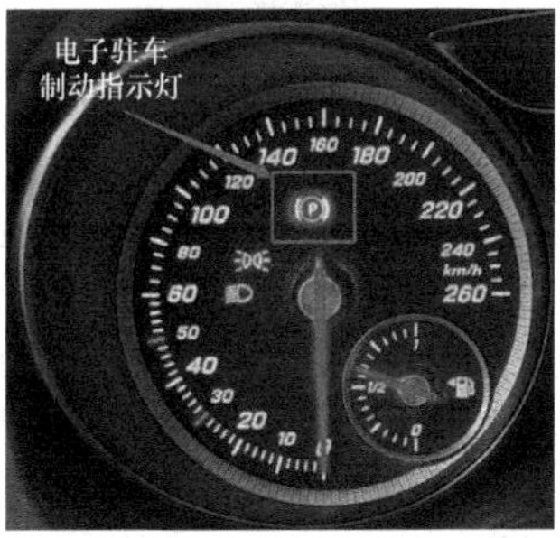

□ 图 11-1　电子驻车制动指示灯

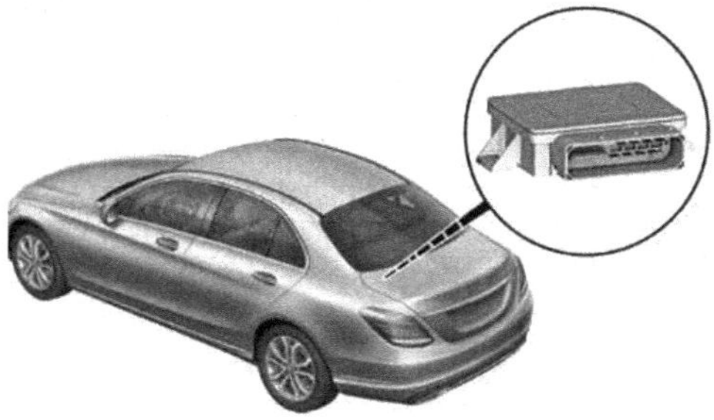

□ 图 11-2　电子驻车制动控制单元

（3）电子驻车制动伺服电动机（见图 11-3）的安装位置：________________。

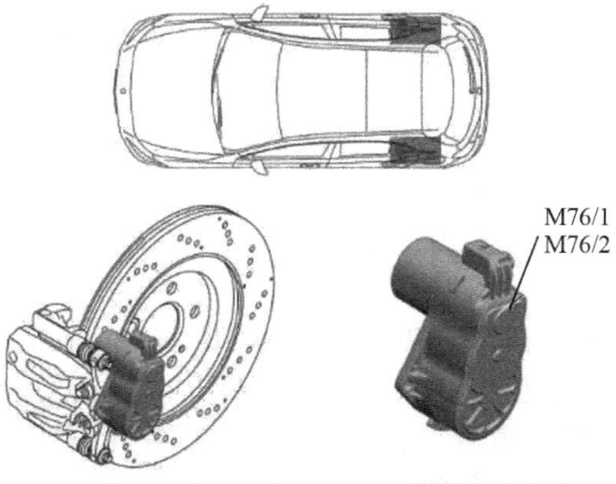

M76/1—左侧驻车制动伺服电动机；M76/2—右侧驻车制动伺服电动机

□ 图 11-3　电子驻车制动伺服电动机

2．电子驻车制动系统

（1）定义：驻车制动是指将行车过程中的临时性制动和停车后的长时间制动功能整合在一起，并且通过＿＿＿＿＿＿方式实现驻车制动的技术。

（2）组成部件：电子驻车制动系统包括电子驻车制动开关、电子驻车制动＿＿＿＿、电子驻车制动电动机、＿＿＿＿＿＿指示灯等。

（3）奔驰驻车制动器的分类如图 11-4 所示。其中电子驻车制动器有＿＿＿＿和＿＿＿＿等两种类型。

（4）工作原理：电子稳定系统（ESP）控制模块或＿＿＿＿＿＿＿＿＿＿直接读入电子驻车制动开关的状态，同时 ESP 控制单元或电子驻车制动控制模块促动电子驻车制动伺服电动机，ESP 控制单元或电子驻车制动控制单元将点亮或熄灭电子驻车制动指示灯（红色）的信号传送至仪表板。随后，仪表板上的＿＿＿＿＿＿＿＿＿＿（红色）点亮或熄灭。

类型	机械式驻车制动器		电子驻车制动器（EPB）			
	鼓式、集成卡钳（IPB）、盘中鼓	钢索牵引式	整合卡钳式			
图示			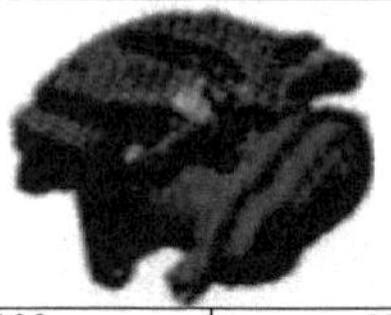			
控制单元代号		A13	N128		N30/4	
车系	车型代码	车型代码	车型代码	供应商	车型代码	供应商
A	169		176	TRW	177	BOSCH
B	245		246	TRW	247	BOSCH
CLA			117	TRW	118	BOSCH
GLA			156	TRW		
C	204				205	TEVES
GLK	X204					
GLC					253	TRVES
E	212				213	TRW
S	220	221 供应商TRVES	222（截止2018款）	TRW	222（始自2018款）	TRW
ML/GLE	164		166	TRW	167	TRW
G	463（截止2019款）				463（始自2018款）	BOSCH
R	251					

□ 图 11-4 奔驰驻车制动器分类

（5）自动解锁电子驻车（EFB）的附加功能要求：当 ESP 控制单元或电子驻车制动控制单元同时收到发动机转速、驾驶人座椅安全带已系上、驾驶人侧前车门关闭 3 个信号时，会控制自动松开＿＿＿＿＿＿＿＿＿＿＿＿＿＿＿＿。

3．电子驻车制动伺服电动机检测

电子驻车制动伺服电动机的检测电路如图 11-5 所示。

针脚 1 的作用为＿＿＿＿＿＿＿＿；针脚 2 的作用为＿＿＿＿＿＿＿＿。

测量针脚 1 和 2 的电阻值是＿＿＿＿＿Ω。

4．奔驰 C200 电子驻车制动的解除方法

按一下＿＿＿＿＿，或者踩＿＿＿＿＿会自动释放，如图 11-6 所示。

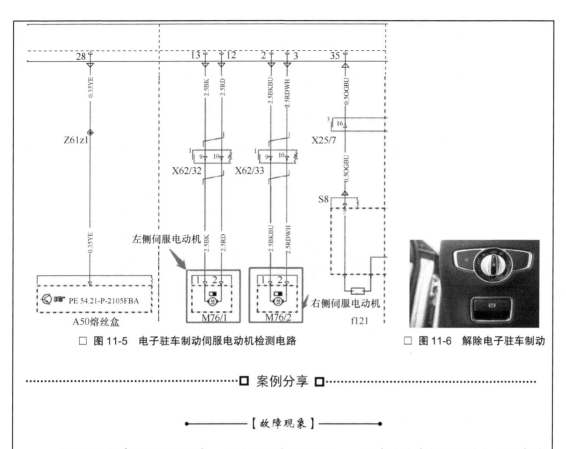

□ 图 11-5　电子驻车制动伺服电动机检测电路　　　　□ 图 11-6　解除电子驻车制动

•••••••••••••••••••••••••••••••••• □ 案例分享 □ ••••••••••••••••••••••••••••••••••

●────【故障现象】────●

一辆 2014 款奔驰 C200 轿车，行驶里程为 56 890km。用户反映车辆开始是电子驻车系统报警，再放置一晚后全车没电且无法起动。

●────【故障诊断】────●

1. 在车辆起动后操纵电子驻车制动开关，电子驻车制动器无反应，仪表显示"电子驻车制动器故障，请访问维修服务中心"的提示信息。

2. 用 DAS 系统对车辆进行快速测试，测试结果显示电子驻车制动系统控制模块内有电子驻车制动开关损坏的故障码。

3. 查看电路图（见图 11-7），测量电子驻车制动模块（EPB 单元）到开关之间的电压，电压值均在正常范围之内。

4. 结合用户反映的停一晚就不能起动的现象，判断该车存在漏电，怀疑漏电是电子驻车制动系统内有短路造成的。

5. 查阅电子驻车制动系统的电路图得知，开关和模块之间还存在一个插头 X18，X18 的位置在右中空调蒸发箱总成下面。找到 X18 插头，发现插头 X18 有腐蚀现象，怀疑是由蒸发箱总成排水口堵塞造成空调水滴到插头上引起的该故障。

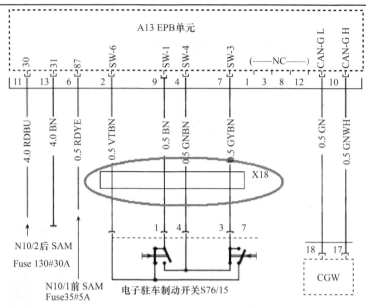

EPB—电子驻车制动模块；CGW—中央网关；SAM—熔丝盒

□ 图 11-7　电子驻车制动电路图

【故障排除】

疏通、清理蒸发箱总成排水口并清理插头后，装好试车，一切正常，故障排除。

【故障原因】

因空调蒸发箱总成排水口有堵塞，造成空调水不能完全从排水口排出，部分空调水从总成壳体漏出来，漏出的水正好滴在插头上，造成插头处因氧化而短路，因此出现了停一晚后起动不了的现象，并报电子驻车制动系统故障。

【案例总结】

本车的电子驻车制动系统故障，并不是系统元器件本身造成的，而是插头有轻微短路引起的，要会利用引导性功能去排除故障，结合电路图分析有助于我们快速排除故障。

任务二 奔驰制动片更换及电子驻车制动器的复位

_____学时

班级：		组别：		姓名：		掌握程度： □ 优 □ 良 □ 及格 □ 不及格
实训目的			掌握奔驰更换制动片和电子驻车制动器复位的方法。			
安全注意 事项			注意设备及个人安全，规范操作。			
教学组织			每辆车按 6 位学员（组长 1 人、主修 1 人、辅修 1 人、观察员 1 人、评分 1 人、质检 1 人）作业，循环操作。			
操作步骤 演示			前期准备 前期准备 拆卸轮胎 (4. 安装气动扳手套筒) 更换流程 更换流程 更换制动片 1. 取下旧制动片 2. 新旧对比 4. 安装带报警线的新制动片 安装流程 安装流程 安装轮胎 1. 将举升机移至合适位置 2. 将高压气管与举升机气管连接 3. 使用举升机安装轮胎			 微课 制动片的更换及 电子驻车制动器 的复位（一）  微课 制动片的更换及 电子驻车制动器 的复位（二）  微课 制动片的更换及 电子驻车制动器 的复位（三）
任务			作业记录内容 ☑ 正确 ☒ 错误			
前期准备			□ 1. 护具——整车防护七件套（车外三件套——前翼子板垫/左翼子板垫/右翼子板垫，车内四件套——转向盘套/脚垫/座椅套/变速器操作杆套），如图 11-8 和图 11-9 所示。 □ 2. 工具——套装工具等，如图 11-10 所示。			

前期准备	 □ 图 11-8 车外三件套	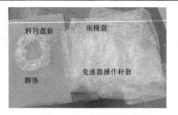 □ 图 11-9 车内四件套	 □ 图 11-10 套装工具
	□ 3．实训车辆——奔驰 C300。		
安全检查	□ 1．检查车辆驻车制动器是否被拉起，变速器挡位是否处于空挡。 □ 2．举升车辆前，检查实训台架及周围是否安全。 □ 3．举升车辆至高出地面 10～20cm，检查举升机支点位置。 □ 4．举升车辆时，注意举升过程中有无异常、异响。若有，应立即停止当前作业并及时和老师联系，不得擅自处理。		
防护工作	人身防护如图 11-11 所示。车身防护如图 11-12 所示。车内防护如图 11-13 所示。（注①）    □ 图 11-11 人身防护　　□ 图 11-12 车身防护　　□ 图 11-13 车内防护		
操作流程	**一、操作步骤** **步骤一　更换制动片** □ 1．打开发动机舱盖，打开制动液油壶盖。 □ 2．回到驾驶室，打开点火开关，首先释放电子驻车制动伺服电动机。 □ 3．同时按下转向盘上的"OK"键和电话键 5s（见图 11-14），关注仪表板上的显示屏信息。  □ 图 11-14 转向盘按键		

注①：安全防护要到位。

操作流程	□ 4．确认选择"更换制动片"，如图 11-15（a）所示。 □ 5．提示制动片移至安装位置，此时可拆装后制动片，如图 11-15（b）所示。 □ 6．按要求拆下并放置好后轮轮胎。 □ 7．找到制动片磨损报警感应线并拆除，如图 11-16 所示。 □ 8．拆卸制动分泵固定螺栓，如图 11-17 所示。 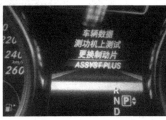　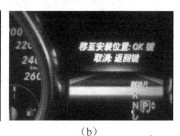 （a）　　　　　　　　　　　（b） □ 图 11-15　确认选择"更换制动片" 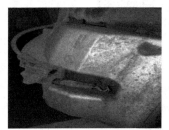　 □ 图 11-16　制动片磨损报警感应线　　□ 图 11-17　拆制动分泵固定螺栓 □ 9．将旧制动片取出（见图 11-18）后，检查制动片状况、制动油管状况、分泵活塞密封圈状况、制动钳销状况、制动钳销密封圈状况。 □ 10．将新制动片安装好（见图 11-19），并装好磨损报警感应线。 　 □ 图 11-18　取出旧制动片　　　　□ 图 11-19　换新制动片 □ 11．将制动分泵装好并按标准力矩紧固螺栓，如图 11-20 所示。 □ 12．起动发动机后反复踩制动踏板（见图 11-21），将制动分泵活塞向前挤压，使活塞压紧制动片，检查确保制动片安装到位后，按标准力矩装好轮胎。 □ 13．将制动液量调整到标准值的上限（见图 11-22），取出下面垫的布，并将制动液壶盖盖好。

操作流程

□ 图 11-20 安装制动分泵

□ 图 11-21 踩制动踏板

步骤二 电子驻车制动器复位

□ 1. 若在维修过程中断开过蓄电池负极，维修结束后接通点火开关，组合仪表显示"驻车制动器，参见用户手册"，同时驻车制动指示灯点亮，此时需要对电子驻车制动器进行复位，如图 11-23 所示。（注②）

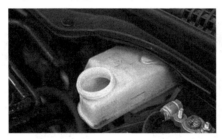

□ 图 11-22 调整制动液量

□ 图 11-23 电子驻车制动器复位提示

□ 2. 将遥控钥匙插入电子点火开关控制单元中，然后转至"1 挡"位置，此时仪表里程菜单项显示行程和总里程，如图 11-24 所示。

□ 3. 踩下制动踏板后，向上拉起电子驻车制动开关并保持 6s 左右，如图 11-25 所示。

□ 图 11-24 行程和总里程

□ 图 11-25 踩制动踏板并拉电子
驻车制动开关

□ 4. 电子驻车制动器复位完成。

□ 5. 6S 管理及车辆复位。

二、注意事项

□ 1. 注意一定要打开点火开关。

注②：如果多功能显示屏显示"发动机罩未关"（Engine hood open）信息，则关闭发动机罩。

操作流程	☐ 2. 注意要关好发动机罩。 ☐ 3. 注意复位成功后查看电子驻车制动系统是否正常。 **三、技术要求** ☐ 1. 掌握更换制动片时的释放电子驻车制动伺服电动机的方法。 ☐ 2. 掌握电子驻车制动器的复位方法。
质量验收	☐ 检查电子驻车制动系统是否正常。　　　　　　　　是☐　否☐ ☐ 检查仪表是否有报警。　　　　　　　　　　　　是☐　否☐ ☐ 检查工具、设备是否有遗漏在车上。　　　　　　是☐　否☐ ☐ 与施工单对照检查项目的完成情况。　　　　　　是☐　否☐
检查与评估	
6S管理规范 （教师点评）	☐ 整理　☐ 整顿　☐ 清扫　☐ 清洁　☐ 素养　☐ 安全
成绩评定 （学生总结）	小组对本人的评定：☐ 优　☐ 良　☐ 及格　☐ 不及格 学生本次任务成绩：☐ 优　☐ 良　☐ 及格　☐ 不及格

专业考核评分表——奔驰制动片更换及电子驻车制动器复位

班级：	组别：		组长：	日期：		
技术标准：1. 更换制动片的流程；2. 电子驻车制动器的复位方法						
序号	作业项目	考核内容	考核标准	分值	扣分	得分
1	准备环节	正确选用工具	选错1次扣1分	2		
2		做好防护	少做1项扣2分	4		
3		做好安全检查	漏掉1项扣2分	4		
4	制动片更换环节	打开制动液油壶盖，释放伺服电动机	不能释放扣10分	10		
5		轮胎拆卸	按标准流程规范操作，每错1步扣2分	5		
6		制动分泵拆卸	按流程规范操作，每错1步扣2分	5		
7		制动片拆卸及检查相关部件	所有检查项目每少1项扣4分	10		
8		制动片安装	安装不到位扣5分	5		
9		用专用工具实施制动分泵、轮胎等的复位	未踩制动踏板复位扣10分	10		
10		调整制动液的量	按流程规范操作，每少1项扣2分	5		
11	电子驻车制动器复位环节	电子驻车制动器手动复位	电子驻车制动器手动复位过程中只要有一步不到位，整个复位过程将不能完成，故作为整体考核，不能完成复位的扣30分	30		
12		项目实训时间	0～20min　　　　　　　10分 >20～25min　　　　　　8分 >25～30min　　　　　　5分 >30min　　　　　　　　0分	10		
质检员：		评分员：		合计得分		
教师点评： 团队合作：优秀 □ 良好 □ 及格 □　　　　　　分工明确：优秀 □ 良好 □ 及格 □ 专业标准：优秀 □ 良好 □ 及格 □　　　　　　操作规范：优秀 □ 良好 □ 及格 □						
教师签字：　　　　　　　　　　　　　　　　　　　　　　　年　　月　　日						

注：实训未按规范操作，导致出现设备损坏或人身伤害，本次考核记0分。

奔驰自动变速器保养

任务一　奔驰自动变速器认知

_____学时

班级：	组别：	姓名：	掌握程度： □ 优 □ 良 □ 及格 □ 不及格

一、工作任务

1. 了解奔驰 7 速自动变速器（AT）的基础知识。
2. 熟悉奔驰 7 速自动变速器（AT）的工作原理。
3. 掌握奔驰自动变速器换油保养和挡位调校的方法。

二、项目认知

1. 奔驰自动变速器的认知

奔驰常见的变速器有无级变速器（CVT）、湿式双离合变速器（DSG）以及 9AT 和 7AT 自动变速器，如图 12-1 所示。

□ 图 12-1　奔驰常见的变速器

（1）奔驰自动变速器标识。

① 示例 1：722901。其中，722：轿车的自动变速器；9：销售代码；01：_____。

② 示例 2：W7A700。其中，W：液压变矩器；7：_____；A：型号（内部）；700：最大输入转矩（N·m）。

（2）自动变速器的规范使用

① 车辆停车时，变速器操作杆（换挡杆）位于"P"位置，且钥匙只能位于"0"位置方向，才能将钥匙从电子点火开关控制元件 EIS（N73）中取出；锁定换挡杆"P"位置是自动变速器的功能之一，它是电子控制的。

② 为了保证安全驾驶状态，防止自动变速器损坏，将变速器_____开关设置到重要故障的紧急模式。_____均关闭，变速器进入紧急模式，开关同时进入第 6 挡。接合"P"驾驶位置后，"D"提供第 2 挡，而"R"提供倒车挡。出现液压故障时，挡位不变。出现_____故障时，受影响的齿轮阻塞，不能继续转动。

③ 如果因技术原因无法继续驾驶，则应使用专用运输工具或拖车牵引，如果必须

进行牵引，将点火开关转到_____，将换挡杆放在"N"挡位置，最大牵引速度
为_____，最大牵引距离为50km。

2．自动变速器油

（1）自动变速器油（ATF）的作用：_____、散热、润滑部件、冲洗与清洁部件、
减小摩擦、_____。

（2）奔驰新开发的变速器油（ATF3353）具有更高的摩擦系数、更好的____性、更好的
温度特性。

ATF3353适用的自动变速器配件号为A 0019894503。其使用范围：自动变速器722.3/4/5
可以使用；自动变速器722.6_____使用；自动变速器722.9_____使用。

（3）奔驰公司认证了两款自动变速器油品——奔驰722.9R和奔驰722.9G，分别通过
MB236.14和MB236.15（见图12-2）的标准认证。MB 236.14推荐用于2011年之前的奔驰C
级W_____、奔驰E级W_____、奔驰S级W221/M W166车型上；MB 236.15推荐用于2011
年之后的奔驰C级W____、奔驰E级W_____、奔驰S级W221车型上。

（4）自动变速器油更换周期：_____。

（5）检查自动变速器油油位：起动发动机，待变速器油温至_____时松开排油
螺钉（见图12-3），如果有连成一条线的变速器油流出，则油量合格。油位过高或过低会引
起变速器打滑。

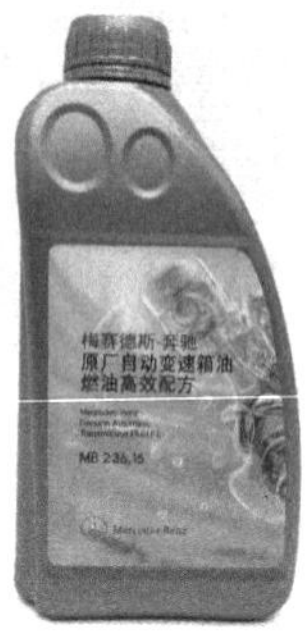

□ 图12-2 自动变速器油

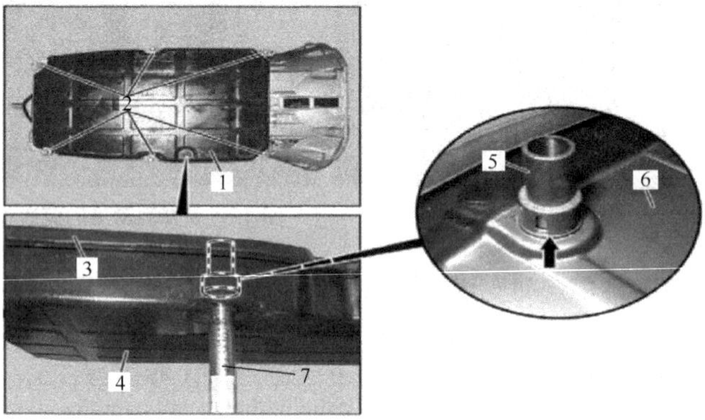

1、4、6—油底壳；2—螺栓；3—密封件；5—溢流管；7—排油螺钉

□ 图12-3 排油螺钉

（6）正常的ATF颜色为_____，如变黑或呈棕色说明离合器或制动器有烧蚀现象；
正常的ATF没有_____，如有烧焦味说明内部部件有烧蚀现象，应拆修变速器；正常
的ATF没有杂质，如有较多的粉状铁屑等杂质说明内部磨损比较严重，应拆修变速器。

•••••••••••••••••••••••••••••••□ 案例分享 □•••••••••••••••••••••••••••••••

━━━━━━━━【故障现象】━━━━━━━━

一辆2015款B180奔驰车，行驶了75 663km，用户反映行驶在车速20～30km/h时偶尔会

出现发抖现象，发动机警告灯也会点亮，最后出现无法换挡的故障，仪表显示如图12-4所示。

□ 图 12-4　仪表显示注意事项

【故障诊断】

1. 维修技师接车后，先用诊断仪读故障码，报二挡电磁阀故障。

2. 利用动作测试功能对二挡电磁阀进行检查，单击"开"和"关"时都能听到变速器内部传来的"吱吱"声音，由此判断二挡电磁阀工作正常。

3. 检查自动变速器油，发现油的颜色明显变黑，询问用户得知从买车以来从未更换过自动变速器油，由此判断故障是因自动变速器油质量变差引起的。

【故障排除】

用新自动变速器油清洗两遍变速器，再按标准更换好新自动变速器油后，故障排除。

【故障原因】

因自动变速器油使用时间过长，造成油质变差，性能减弱，再加上自动变速器油长时间使用后油里的杂质增多，使二挡电磁阀工作时出现卡滞现象，造成换挡迟钝，导致了故障的发生。

【案例总结】

汽车自动变速器的控制要求非常精准，而自动变速器油质量会影响这种控制的精准性，因此在用车的过程中要及时更换自动变速器油。

任务二　更换自动变速器油和变速器选挡范围传感器学习

_____学时

班级：	组别：	姓名：	掌握程度： □ 优 □ 良 □ 及格 □ 不及格
实训目的	掌握自动变速器油的更换和变速器选挡范围传感器学习方法。			
安全注意 事项	注意设备及个人安全，规范操作。			
教学组织	每辆车按 6 位学员（组长 1 人、主修 1 人、辅修 1 人、观察员 1 人、评分 1 人、 质检 1 人）作业，循环操作。			
操作步骤 演示	拆卸流程 拆卸流程 排油流程 (1 将工具放至合适位置 更换流程 更换流程 更换油底壳密封圈 (1 拆卸旧油底壳密封圈 2 安装新油底壳密封圈 3.安装油底壳 安装流程 安装流程 安装护板	微课 自动变速器油 的更换（一） 微课 自动变速器油 的更换（二） 微课 自动变速器油 的更换（三）			

任务	作业记录内容　☑ 正确　☒ 错误
前期准备	□ 1．护具——整车防护七件套（车外三件套——前翼子板垫/左翼子板垫/右翼子板垫，车内四件套——转向盘套/脚垫/座椅套/变速器操作杆套），如图 12-5 和图 12-6 所示。 □ 2．工具——自动变速器油专用换油机、诊断仪等，如图 12-7 和图 12-8 所示。  □ 图 12-5　车外三件套 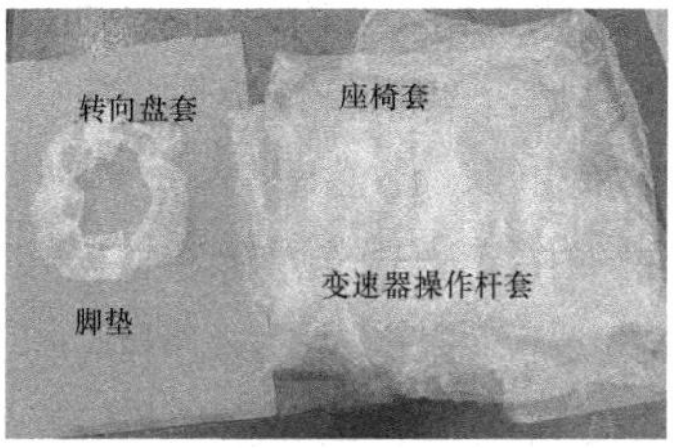　　□ 图 12-6　车内四件套 　　□ 图 12-7　自动变速器油专用换油机 □ 3．耗材——奔驰专用自动变速器油、软布，如图 12-9 和图 12-10 所示。 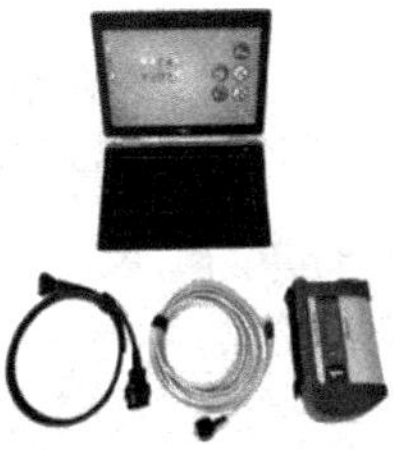 □ 图 12-8　诊断仪 　　□ 图 12-9　奔驰专用自动变速器油 　　□ 图 12-10　软布 □ 4．实训车辆——奔驰 C300。
安全检查	□ 1．检查车辆驻车制动器是否被拉起，变速器挡位是否处于空挡。 □ 2．举升车辆前，在车辆前后放置车轮挡块。 □ 3．举升车辆前，检查实训台架及周围是否安全。 □ 4．举升车辆至高出地面 10～20cm，检查举升机支点位置。 □ 5．举升车辆时，注意举升过程中有无异常、异响。若有，应立即停止当前作业并及时和老师联系，不得擅自处理。
防护工作	人身防护如图 12-11 所示。车身防护如图 12-12 所示。车内防护如图 12-13 所示。（注①）  □ 图 12-11　人身防护 　　□ 图 12-12　车身防护 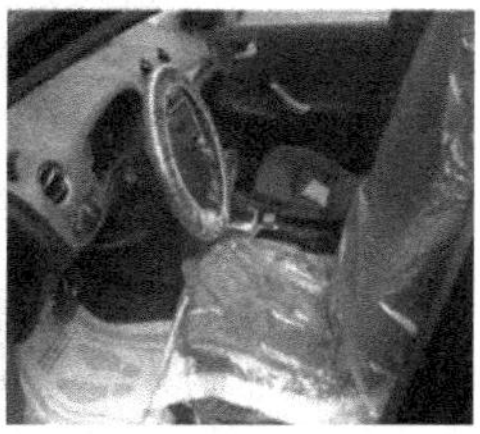　　□ 图 12-13　车内防护

注①：安全防护要到位。

操作流程	一、更换自动变速器油 步骤一 检测油量及油品 □1．起动发动机并怠速运转，当自动变速器油（ATF）油温达到 25℃时，拔下 ATF 检查口的塞堵，将油尺在加注管中插到底，然后再次将其拉出并读取 ATF 液位，如 ATF 液位介于油尺刻度（见图 12-14）min（最低）与 max（最高）之间，则液位正常；如情况不是如此，则需要添加 ATF。 □2．检查油液是否变色、有杂质等。 步骤二 连接加油管、出油管 □1．向换油机中加入干净的新油。 □2．找到自动变速器散热器，判断进、出油管（可以拆开油管，起动发动机，看到喷油处为出油管的位置），将换油机加油管、出油管与变速器的进出油口连接，如图 12-15 所示。 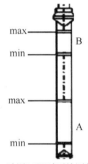 A—油温25℃时两检测刻度 B—油温＞25℃时两检测刻度 □ 图 12-14 油尺刻度　　□ 图 12-15 连接换油机与变速器 步骤三 循环换油 □1．首先降下车辆，进入驾驶室，起动发动机后，将车辆升起，如图 12-16 所示。 □2．将换油机调到等量交换位置，起动换油机，如图 12-17 所示。  □ 图 12-16 举升车辆　　□ 图 12-17 换油机设置

操作流程	□ 3．换油机显示"等量交换完成"后，关闭换油机和发动机，如图 12-18 所示。 □ 4．拆下进、出油管，装复变速器管道，如图 12-19 所示。   　　□ 图 12-18　完成等量交换　　　　□ 图 12-19　装复变速器管道 □ 5．起动发动机，检查所有连接是否安装到位、油量是否正常，确认正常后降下车辆，关闭发动机。 **二、挡位调校操作流程** 　　奔驰所有车系变速器在换挡时的冲击或不平顺，是变速器最常见的问题，解决此问题最关键的方法就是用专用诊断仪（XENTRY 诊断系统）对变速器进行调校。 □ 1．将诊断仪连接到车辆，点火开关开到"ON"挡。 □ 2．进入操作界面，选择车型，如图 12-20 所示。 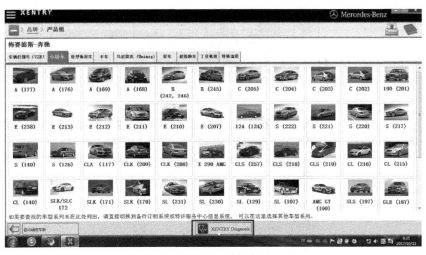 　　□ 图 12-20　选择车型 □ 3．选择快速测试扫描全车系统，如图 12-21 所示。 □ 4．检测是否存在故障码，若有则先清除故障码（如果故障码不能清除要先排除故障），单击"删除故障代码"图标，如图 12-22 所示。 □ 5．选择传感器模块"N15/3-5 挡变速箱的变速箱控制系统"，然后选择"调校"（完成对变速器换挡的调校），单击"学习过程"，如图 12-23 所示。

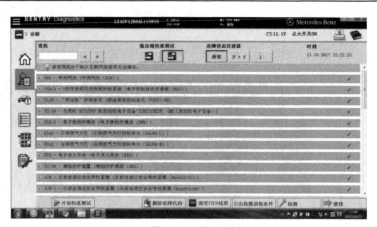

□ 图 12-21 快速测试

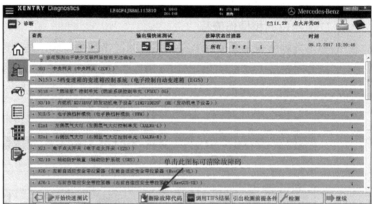

□ 图 12-22 清除故障码

操作流程

□ 图 12-23 学习界面（1）

□ 6. 选择"变速箱换挡的调校"，根据"注意"和"提示"进行操作，满足"前提条件"和"相应的实际值状态"，如图 12-24 所示。

□ 图 12-24　学习界面（2）

□ 7. 根据提示，对被投诉的换挡机构进行调校，例如从挡位 1 向挡位 2、挡位 2 向挡位 3、挡位 3 向挡位 4、挡位 4 向挡位 5 加速换高挡的调校，挡位 5 向挡位 4、挡位 4 向挡位 3 减速换抵挡的调校，如图 12-25 所示。

操作流程

□ 图 12-25　学习界面（3）

□ 8. 加速换高挡的调校，例如"从挡位 1 向挡位 2 加速换高挡进行调校"，根据提示，需进行路试，必须至少进行 4 次换挡过程，发动机转矩和转速必须在标定的范围内，如图 12-26 所示。

□ 图 12-26　学习界面（4）

操作流程	□ 9．减速换低挡的调校，例如"从挡位 5 向挡位 4 减速换低挡进行调校"，根据提示，需进行路试，必须至少进行 4 次换挡过程，发动机转矩和转速也必须在标定的范围内，如图 12-27 所示。  □ 图 12-27　学习界面（5） □ 10．当所执行的挡位学习成功后，XENTRY 会自动告知挡位调校结束。 □ 11．6S 管理及车辆复位。 **三、注意事项** □ 1．注意变速器油不能选错。 □ 2．注意换油机和变速器之间应连接牢靠。 □ 3．换完油后要检查所有连接处是否安装到位。 □ 4．注意挡位调校成功后要进行路试。 **四、技术要求** □ 1．要掌握不用换油机的手动换油方法。 □ 2．要掌握换油机的操作方法。 □ 3．要掌握变速器选挡范围传感器学习的方法。
质量验收	□ 检查安装是否完全到位。　　　　　　　　　　　　　是 □　否 □ □ 检查变速器油量是否标准。　　　　　　　　　　　是 □　否 □ □ 检查仪表是否有报警。　　　　　　　　　　　　　是 □　否 □ □ 与施工单对照检查项目的完成情况。　　　　　　　是 □　否 □ □ 检查工具、设备是否有遗落在车上。　　　　　　　是 □　否 □

检查与评估	
6S 管理规范（教师点评）	□ 整理　□ 整顿　□ 清扫　□ 清洁　□ 素养　□ 安全
成绩评定（学生总结）	小组对本人的评定：□ 优　□ 良　□ 及格　□ 不及格 学生本次任务成绩：□ 优　□ 良　□ 及格　□ 不及格

专业考核评分表——更换自动变速器油和变速器选挡范围传感器学习

班级：		组别：	组长：	日期：		
技术标准：1. 更换自动变速器油的流程；2. 变速器选挡范围传感器学习方法						
序号	作业项目	考核内容	考核标准	分值	扣分	得分
1	准备环节	正确选用工具	选错1次扣1分	2		
2		做好防护	少做1项扣2分	4		
3		做好安全检查	漏掉1项扣2分	4		
4	变速器油更换环节	变速器油的检查	按操作的熟练程度酌情扣分，最多扣10分	10		
5		换油机与车辆的连接	进、出油管连接错误扣3分	5		
6		换油机的正确使用	（1）将新的自动变速器油加入换油机。加错漏油扣1分	3		
7			（2）将换油机调到等量交换，起动换油机。操作错误扣2分	3		
8			（3）起动车辆进行新旧自动变速器油更换。操作错误扣1分	3		
9			（4）等量交换完后，关闭发动机和换油机。操作错误扣1分	3		
10			（5）恢复变速器进、出油管，起动车辆检查是否泄漏。操作错误扣2分	3		
11	变速器选挡范围传感器学习环节	进入界面	不能进入界面扣10分	10		
12		快速测试并清除故障码	操作错误扣10分	10		
13		选择传感器	选择传感器错误扣10分	10		
14		加速换高挡的调校	出现错误扣5分	5		
15		减速换低挡的调校	出现错误扣5分	5		
16		学习完成	出现错误扣5分	10		
17	项目实训时间		0～40min　　　　　10分 ＞40～45min　　　　8分 ＞45～50min　　　　5分 ＞50min　　　　　　0分	10		
质检员：		评分员：		合计得分		
教师点评： 团队合作：优秀 □ 良好 □ 及格 □　　　　分工明确：优秀 □ 良好 □ 及格 □ 专业标准：优秀 □ 良好 □ 及格 □　　　　操作规范：优秀 □ 良好 □ 及格 □						
教师签字：　　　　　　　　　　　　　　　　　　　　　　　年　　月　　日						

注：实训未按规范操作，导致出现设备损坏或人身伤害，本次考核记0分。

任务一　奔驰制动液认知

_____学时

班级：	组别：	姓名：	掌握程度： □ 优 □ 良 □ 及格 □ 不及格

一、工作任务

1. 了解制动液的分类和奔驰使用的制动液种类和品牌。

2. 熟悉制动液含水量的基本知识与测量方法。

3. 掌握使用专用设备更换奔驰制动液的方法。

二、项目认知

1. 制动液认知

（1）制动液分类：按化学成分可分为_____、_____和硅油型；按美国车辆安全规范（FMVSS No. 116），可分为DOT3（对应于醇醚型）、DOT4（超级DOT4）（对应于酯型）、DOT5（对应于硅油型），如表13-1所示，并完成填空。

□ 表13-1　三种制动液特性

功能作用	类型	规　格	更换周期	常见品牌	特　点
1. 传递能量 2._____ _____ 3._____ _____ 4._____ _____	醇醚型： 较高的平衡回流沸点、较低的低温黏度、良好的橡胶适应性，对金属的腐蚀较低。易水解，易产生气阻	DOT3 (醇醚型)常用	建议__年更换一次	博世 （BOSCH）	沸点大于_____℃,湿沸点大于_____℃,沸点高可避免蒸气产生,恒压传递,不腐蚀,润滑性好
	酯型：具有更高的干、湿沸点，具有吸水性、更好的低温性以及长效性	DOT4 (酯型)常用		ATE	干沸点_____℃,湿沸点_____℃,低黏度液体,延长制动分泵和皮碗的使用寿命,使用过程中品质变化小
	硅油型:具有更优异的高低温性能，吸水性小，并且吸水后的黏度和沸点(硅酮型)几乎不变，所以称为全天候型制动液，缺点是成本较高，并且与醇醚型制动液不相容	DOT5 不常用		巴斯夫	干沸点_____℃,湿沸点_____℃高温稳定性和低温流动性好,特别的配方可提供抗磨耐腐蚀保护

（2）制动液中水分越多则沸点越低，为了保证行车安全，制动液应定期更换，由于制动液会吸收水分，所以放置_____制动液不要再用。

目前市场上还有 DOT5 的制动液，其硬度太高且吸水性_____，不适用于一般民用汽车，另外 DOT5 不得与基于乙二醇醚的制动液 DOT3、DOT4 和 DOT5.1 混合使用。

2．制动液含水量认知

（1）制动液有很强的吸水性，很容易从空气中吸取水分，吸取的水分在高温下会_____，造成踩制动踏板时有软绵绵的感觉，严重的会造成制动失灵，如图 13-1 所示。

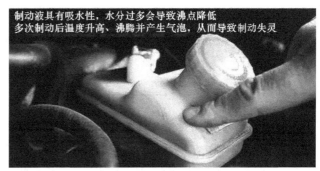

□ 图 13-1　制动效果测试

（2）制动液含水量低于 0.5% 说明制动液正常；若含水量大于_____，则制动液必须更换。制动液含水量检测方法如图 13-2 所示。

□ 图 13-2　制动液含水量检测

·· □ 案例分享 □ ··

●───────【 故障现象 】───────●

一辆 2008 款的奔驰 S350 车，行驶里程数为 145 566km，用户反映近期发现制动偏软，制动效果不良。

【故障诊断】

维修技师接到车辆后，与用户沟通后得知，制动偏软现象一般出现在连续行驶时间较长或下长坡之后，并且有好几年都没有换制动液了，据此初步判断故障现象可能是由于制动液质量变差造成的，打开制动液储液罐盖，能清楚地看到制动液有点变黑，并且制动液里明显能看到悬浮物，检测制动液里的含水量，大于4%，确定制动液存在问题。

【故障排除】

更换制动液后路试，频繁地踩制动踏板，刻意让制动液温度升高，制动器恢复正常，故障排除。

【故障原因】

含水量过高，首先会导致制动液的沸点降低，在连续踩制动踏板的时候，制动片与制动盘由于巨大的摩擦会产生大量的热，这种热量会沿着制动片传递到制动分泵内部，此时制动液就会由于沸点的降低而沸腾，沸腾就会产生气泡，踩制动踏板时会先压缩气泡，再将液压力传递到分泵活塞上去，最终导致制动偏软故障的产生。

【案例总结】

由于制动液具有吸水性，吸水后会影响制动液的沸点，因此至少要每两年或行驶6万km时更换一次制动液。

任务二　奔驰制动液检查与更换

_____学时

班级：	组别：	姓名：	掌握程度： □ 优　□ 良　□ 及格　□ 不及格
实训目的	使用专用设备对奔驰原厂制动液进行检查与更换。		
安全注意 事项	注意设备及个人安全，规范操作。		
教学组织	每辆车按6位学员（组长1人、主修1人、辅修1人、观察员1人、评分1人、质检1人）作业，循环操作。		
操作步骤 演示	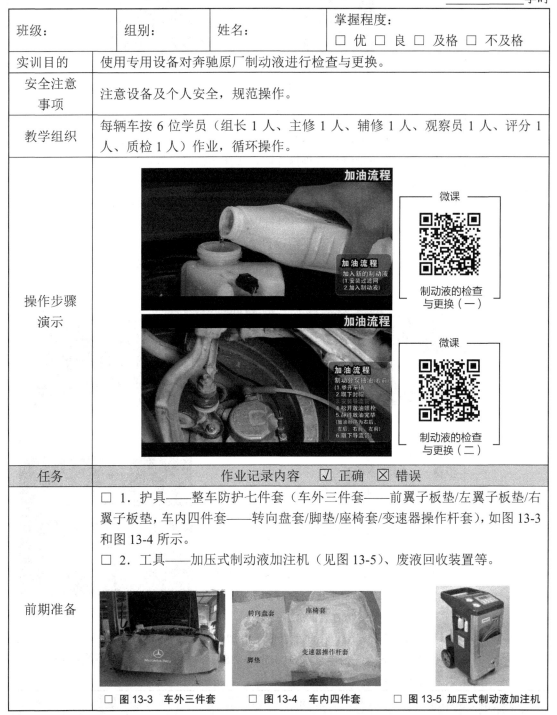		
任务	作业记录内容　☑ 正确　☒ 错误		
前期准备	□ 1．护具——整车防护七件套（车外三件套——前翼子板垫/左翼子板垫/右翼子板垫，车内四件套——转向盘套/脚垫/座椅套/变速器操作杆套），如图13-3和图13-4所示。 □ 2．工具——加压式制动液加注机（见图13-5）、废液回收装置等。 □ 图13-3　车外三件套　　□ 图13-4　车内四件套　　□ 图13-5 加压式制动液加注机		

前期准备	□ 3．耗材——DOT4制动液、抹布（用于清洁场地），如图13-6和图13-7所示。  □ 图13-6　DOT4制动液 　　　　□ 图13-7　软布 □ 4．实训车辆——奔驰C300。
安全检查	□ 1．检查车辆驻车制动器是否被拉起，变速器挡位是否处于空挡。 □ 2．举升车辆前进行各项操作时，应在车辆前后放置车轮挡块。 □ 3．举升车辆前，检查实训台架及周围是否安全。 □ 4．举升车辆至高出地面10～20cm，检查举升机支点位置。 □ 5．举升车辆时，注意举升过程中有无异常、异响。若有，应立即停止当前作业并及时和老师联系，不得擅自处理。
防护工作	人身防护如图13-8所示。车身防护如图13-9所示。车内防护如图13-10所示。（注①）  □ 图13-8　人身防护 　　　□ 图13-9　车身防护 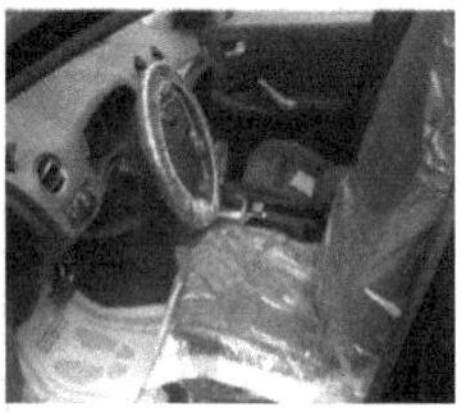　　　□ 图13-10　车内防护
操作流程	一、操作步骤 步骤一　制动液检查 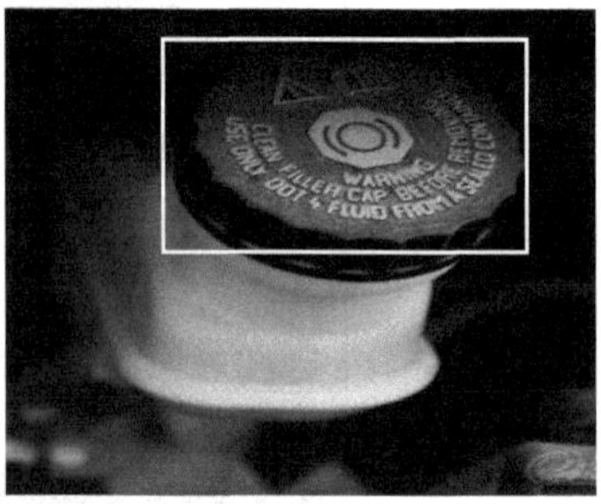 □ 1．制动液液位的检查。检查制动总泵储液罐中的液位是否在最高线和最低线之间。 □ 2．制动液储液罐上黄色标签的检查。如图13-11所示，黄色标签标有制动液规格，可避免添加或更换不标准的制动液，如果制动液储液罐黄色标签丢失，需及时订购。 □ 图13-11　黄色标签 □ 3．通过检测仪器内置的发光二极管（指示灯）显示检测结果。若含水量低于0.5%，说明制动液正常；若含水量在0.5%～2.5%，制动液可换也可不换；若含水量大于2.5%，则制动液必须更换。

注①：安全防护要到位。

操作流程	**步骤二　制动液加注机连接** □ 1．加油管连接制动液储液罐，按罐口大小选择对应接口，如图 13-12 所示。 □ 2．连接电源，注意正负极不能接反，如图 13-13 所示。 □ 3．设置举升模式后将车升高（电控空气悬架不设置可能会使悬架损坏），安装废液回收装置，如图 13-14 所示。

□ 图 13-12　设备连接

□ 图 13-13　连接电源　　　□ 图 13-14　安装废液回收装置

□ 4．装好废液回收装置之后，松开制动分泵的排气螺栓，将废液回收装置的橡胶软管插在制动分泵的排气螺栓上面，做好制动液的回收准备工作，如图 13-15 所示。

 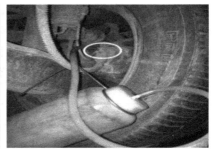

□ 图 13-15　废液回收装置的连接

步骤三　加压换油
□ 1．将制动液加入制动液加注机，通电让加注机工作，进行换油。
□ 2．制动分泵流出的制动液变清时更换完成，按规定力矩拧紧排气螺栓，

操作流程	拆卸废液回收装置，盖紧防尘帽（见图 13-16），按右后轮、左后轮、左前轮、右前轮的顺序将 4 个制动分泵各排气一遍后关闭制动液加注机。 □ 3．清洗油渍，并吹干，拆卸制动液储液罐的连接，起动发动机，连续踩制动踏板检查排气螺栓，应密封良好、无漏油。 □ 4．调整好制动液量，盖好制动液储液罐盖，收好废液回收装置，如图 13-17 所示。 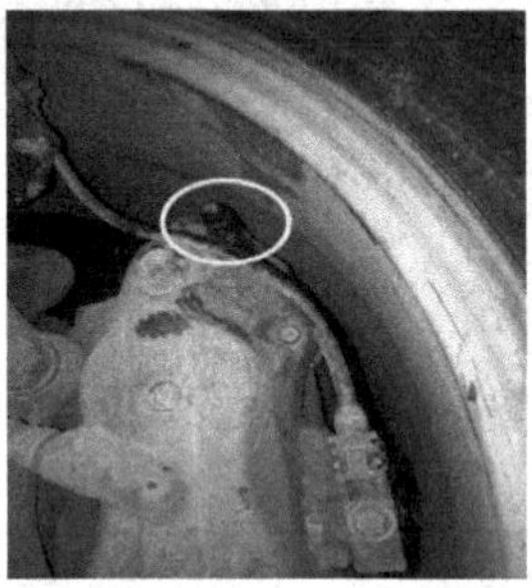 □ 图 13-16　盖好防尘帽 　　　　　□ 图 13-17　工具复位 □ 5．6S 管理及车辆复位。 **二、注意事项** □ 1．注意制动液的选择。 □ 2．所有连接应牢靠、无泄漏。 □ 3．排气螺栓应按标准规定的力矩拧紧。 □ 4．注意制动液不要滴落到漆面上，一旦滴落，要立刻用自来水清洗。 **三、技术要求** □ 1．掌握用制动液加注机更换制动液的操作方法。 □ 2．掌握不用制动液加注机即手动更换制动液的操作方法。
质量验收	□ 检查排气口是否漏油。　　　　　　　　　　　　　　　　是 □　否 □ □ 检查制动液量是否标准。　　　　　　　　　　　　　　　是 □　否 □ □ 起动发动机，检查仪表制动液报警灯是否点亮。　　　　是 □　否 □ □ 与施工单对照检查项目的完成情况。　　　　　　　　　是 □　否 □ □ 检查工具、设备是否有遗落在车上。　　　　　　　　　是 □　否 □
检查与评估	
6S 管理规范 （教师点评）	□ 整理　　□ 整顿　　□ 清扫　　□ 清洁　　□ 素养　　□ 安全
成绩评定 （学生总结）	小组对本人的评定：□ 优　　□ 良　　□ 及格　　□ 不及格 学生本次任务成绩：□ 优　　□ 良　　□ 及格　　□ 不及格

专业考核评分表——奔驰制动液检查与更换

班级：	组别：	组长：	日期：			
技术标准：1. 制动液的检测方法；2. 制动液的更换流程						
序号	作业项目	考核内容	考核标准	分值	扣分	得分
1	准备环节	正确选用工具	选错1次扣1分	2		
2		做好防护	每漏1项扣2分	4		
3		做好安全检查	每漏1项扣2分	4		
4	制动液检测环节	制动液液位及储液罐黄色标签的检查	正确使用工量具，错1次扣2分，结果错误扣10分	10		
5		制动液含水量检测		10		
6	使用制动液加注机更换制动液	正确选择制动液	按照流程规范操作，错1次扣5分	10		
7		正确连接制动液加注机		15		
8		通电让加注机工作进行换油		15		
9		按右后轮、左后轮、左前轮、右前轮的顺序将4个制动分泵排气		20		
10		项目实训时间	0~15min　　10分 >15~20min　　8分 >20~25min　　5分 >25min　　0分	10		
质检员：		评分员：		合计得分		
教师点评：						
团队合作：优秀 □ 良好 □ 及格 □　　　分工明确：优秀 □ 良好 □ 及格 □ 专业标准：优秀 □ 良好 □ 及格 □　　　操作规范：优秀 □ 良好 □ 及格 □						
教师签字：				年　月　日		

注：实训未按规范操作，导致出现设备损坏或人身伤害，本次考核记0分。

实训项目十四　奔驰转向系统保养

任务一　奔驰转向系统认知

__________学时

班级：	组别：	姓名：	掌握程度： □ 优 □ 良 □ 及格 □ 不及格

一、工作任务

1．了解奔驰转向系统的结构组成。

2．熟悉奔驰 C200 液压助力转向系统的组成。

3．掌握奔驰 C200 液压助力转向系统排空气的方法。

二、项目认知

1．转向系统认知

转向系统的作用：按照驾驶人的意愿保持或改变__________方向。

2．奔驰转向系统的结构组成（见图 14-1）

（1）转向盘（见图 14-2）上通常安装有__________、多功能仪表控制按键__________和换挡拨片等。

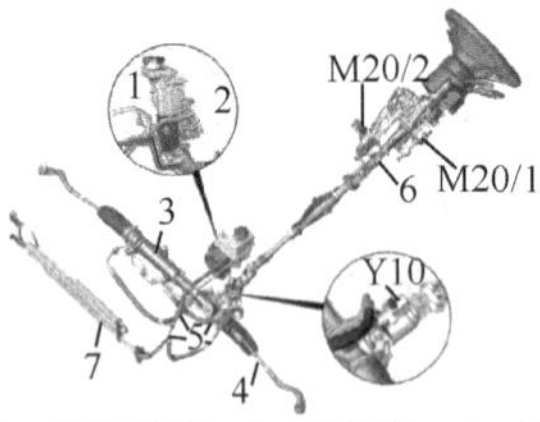

1—转向油罐；2—转向油泵；3—转向器；4—转向内拉杆；
5—转向油管；6—转向杆；7—转向油散热器；
Y10—转向电磁阀；M20/1—转向柱前后调节电动机；
M20/2—转向柱上下调节电动机

□ 图 14-1　转向系统的组成

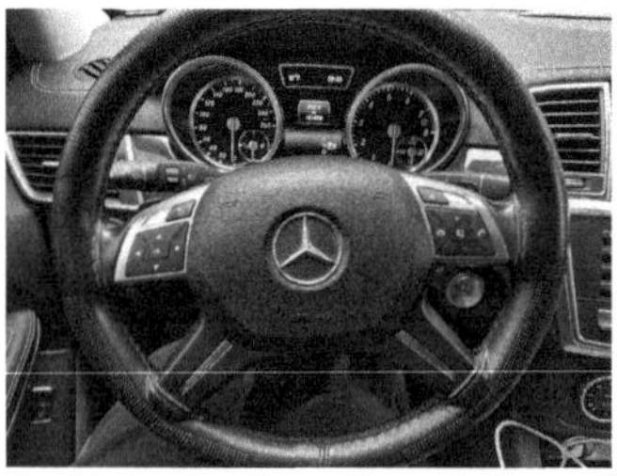

□ 图 14-2　转向盘

（2）转向柱（见图 14-3）的电气装备包括：M20/1 转向柱前后调节电动机、M20/2 转向柱上下调节电机、转向柱模块、__________和__________线束。

（3）齿轮齿条式转向器（见图 14-4）把齿轮的旋转运动转换成齿条的__________运动。

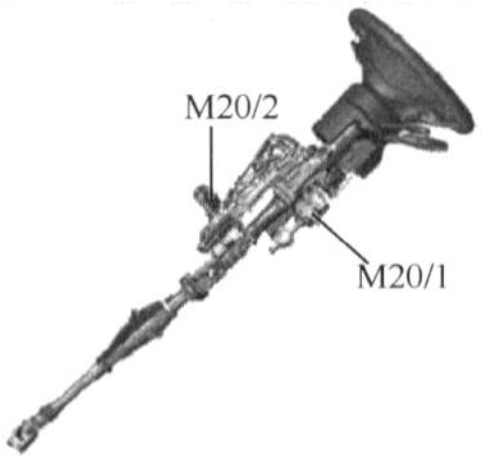

□ 图 14-3　转向柱

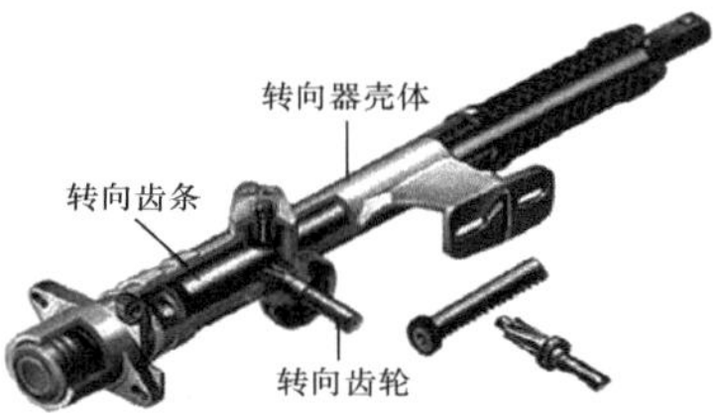

□ 图 14-4　齿轮齿条式转向器

（4）奔驰 C200 液压助力转向系统（见图 14-5）由助力油罐、_____、油管、转向阀、_____、转向器、ESP 控制单元等组成。

转向助力油泵

□ **图 14-5　液压助力转向系统**

3．奔驰 ESP（车身电子稳定系统）

（1）奔驰 ESP 实际上是博世的专利。它是一种新型的汽车主动安全系统，是 ABS 和 TCS（牵引力控制系统）功能的延伸。

（2）该系统由传感器、电子控制单元和_____组成。其作用是监控车辆运行状态，并干预控制车辆的发动机和制动系统。ESP 主要包括四轮_____传感器、_____转角传感器、横向_____传感器、横摆角速度传感器、制动总泵_____传感器等。执行部分包括_____助力器、管路、_____制动器、液压_____调节器等。电子控制单元与发动机管理系统相连，以干预和调整发动机_____输出。

（3）该系统主要控制车辆的纵向和_____稳定性，确保车辆按照驾驶人的意愿行驶，其基础是_____防抱死制动功能。这种系统在汽车制动的情况下，当轮胎即将锁死时，一秒内连续制动数百次，类似机械点制动。这样，当车辆完全制动时，轮胎仍然可以滚动，车辆锁定后滚动摩擦的效果优于_____摩擦，可以控制车辆的行驶方向。

4．直接转向系统

（1）直接转向系统的作用。直接转向系统就是具有可变转向比的转向系统。它能减小车辆在需要大幅度转弯时的操作力，比如掉头、驻车的时候尤其显得方便、省力；而当在高速行驶的时候，该系统又会自动加大转向比，避免车辆在高速行驶时因为轻轻转动转向盘而使车辆发飘、不稳定，保证高速行驶的稳定性。直接转向系统是从速度感应转向系统发展而来的。转向力取决于车速，车速越_____，需要的力越_____，在高速行驶情形下，转向力越大，也就越_____，该系统可以增强车辆直线行驶的稳定性，如图 14-6 所示。

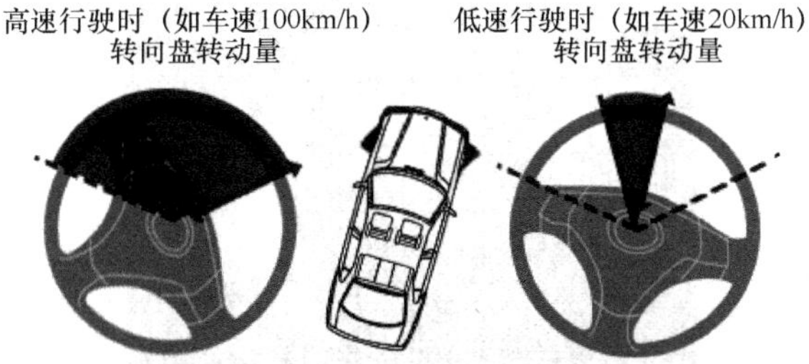

高速行驶时（如车速100km/h）
转向盘转动量

低速行驶时（如车速20km/h）
转向盘转动量

车轮转动角度相同

□ **图 14-6　车辆转弯与车速及转向盘的关系**

（2）直接转向系统的结构及工作原理：直接转向系统的结构如图 14-7 所示。它保持了速度感应转向系统的特点，同时增加了_____传动比。这样，车辆就可根据转向角度大小调节转向力。

当转向盘居中时，传动比为_____，这样，车辆直线行驶的稳定性就会更好，也更安全。

一旦转向盘转向角度达到_____，传动比会很快调整为直接转向模式。

当转向盘打到_____时，则____达到最高设置值，车辆的直接转向感觉会非常强烈。

驾驶人只需要微调转向盘进行角度修正，即可保证车辆行驶的顺利转向。在直接转向系统的辅助下，驾驶人打转向盘的圈数比以往可以减少 25%左右，可更加轻松地实现转向操作。

（3）机械方式调节可变转向传动比。直接转向系统对于提高车辆的操控性具有显著的效果。在转向角较大时，直接转向系统采用较小的转向传动比（即转向比较直接）比如在停车或急转弯时，可以提高汽车的_____性和转向舒适性。

这个系统的关键部件是一个齿条（见图 14-8），齿条的齿距是_____的，中间_____、两头疏。因此转向角较小时，转向比较间接；而转向角变大后，转向就变得直接了。这种可变的转向比是靠_____的方式实现的。

N68电动助力转向（ES）

A9161电动助力转向（ES）扭矩传感器

A91m1电动助力转向（ES）执行元件电动机

转向齿条实物（注意不同的齿距）

□ 图 14-7　直接转向系统结构　　　　□ 图 14-8　可变转向传动比示意图

········◻ 案例分享 ◻········

━━━━━ 【故障现象】 ━━━━━

一辆 2012 款奔驰 C260，已行驶 80 000km，用户反映早上无法起动车辆，且仪表报转向系统故障，如图 14-9 所示。

□ 图 14-9 故障显示

【故障诊断】

维修站派出维修技师赶到现场，进行检测与维修。通过 XENTRY 诊断系统进行快速测试，发现缺失 Flex-Ray 总线系统的控制单元（N80、N62、N30/4、N68），根据 XENTRY 中指引的检测方法：断开 X18 插接器后测量了对 EIS 方向的电阻为 98Ω，又反向测量了对 N68 方向的电阻为 788Ω（证明该支路有问题）。

【故障排除】

找到 X25/7 插头，拔下插头后再重新插上后故障消失，即处理了该插头接触不良现象后试车正常。

【故障原因】

奔驰 C 级车中 Flex-Ray 的控制方式目前只有一条支路，即 EIS→N80→N127→N62→N30/4→N68，当插头有氧化或变形时会造成接触不良现象，使回路电阻变大，信号失真。

【案例总结】

车辆无法起动的原因很多，但我们往往不会把它和转向系统联系起来。本故障就是因转向系统问题而引起无法起动的情况，检测时重点考虑 Flex-Ray 总线系统的控制单元及线路故障。

任务二　转向助力油的更换及排空

_____学时

班级：	组别：	姓名：	掌握程度： □ 优 □ 良 □ 及格 □ 不及格
实训目的	掌握液压转向系统排空气的操作流程及注意事项。		
安全注意 事项	注意设备及个人安全，规范操作。		
教学组织	每辆车按6位学员（组长1人、主修1人、辅修1人、观察员1人、评分1人、质检1人）作业，循环操作。		
操作步骤 演示			

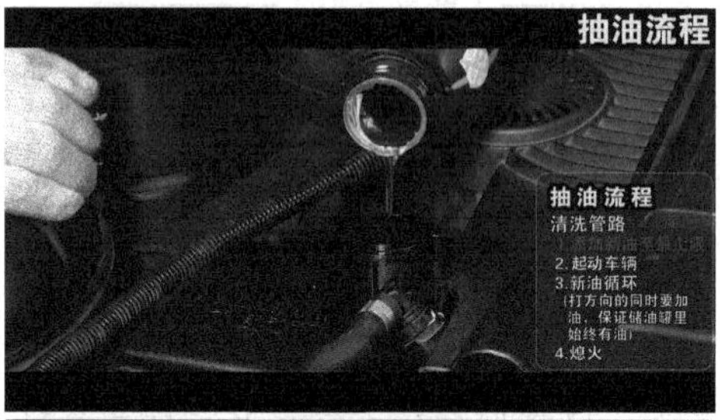

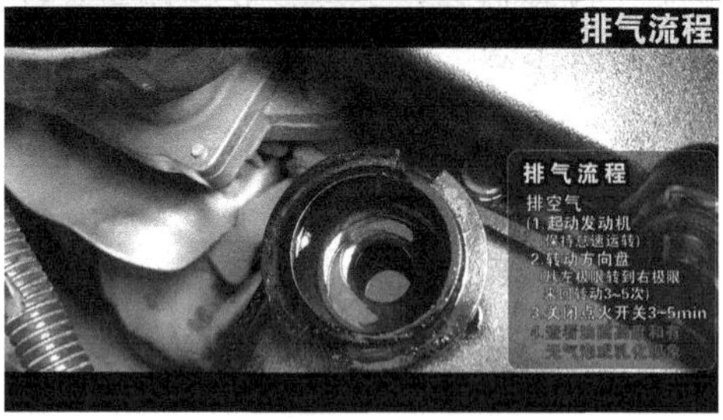

任务	作业记录内容　☑ 正确　☒ 错误
前期准备	□ 1. 护具——整车防护七件套（车外三件套——前翼子板垫/左翼子板垫/右翼子板垫，车内四件套——转向盘套/脚垫/座椅套/变速器操作杆套），如图14-10和图14-11所示。 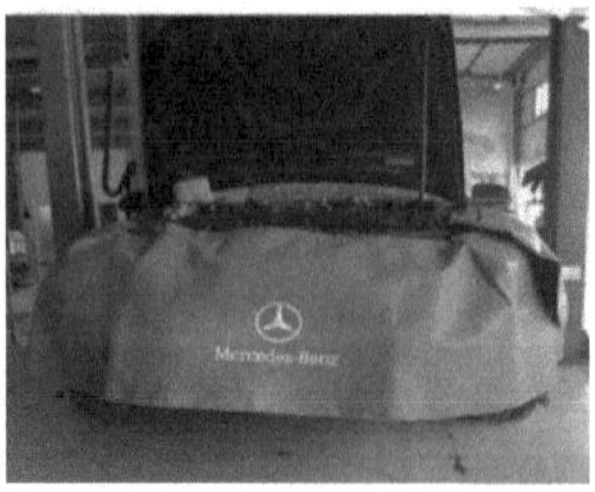

□ 图 14-10　车外三件套　　　　□ 图 14-11　车内四件套

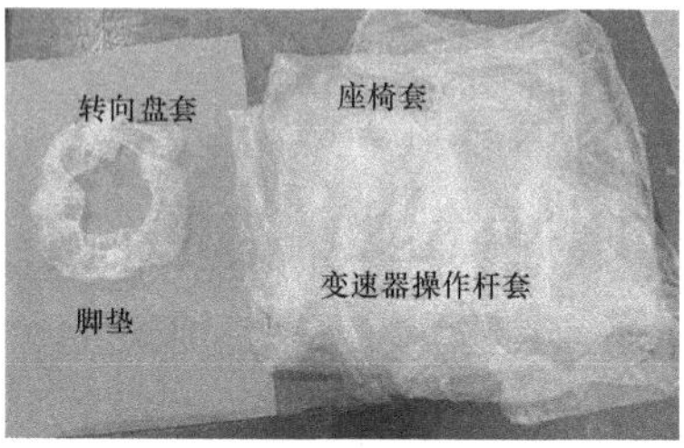

前期准备	□ 2．工具——抽油桶（见图 14-12）、量杯等。 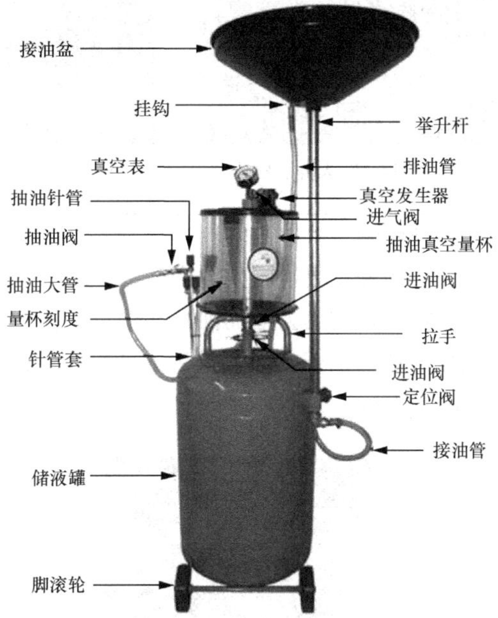 □ 图 14-12　抽油桶 □ 3．耗材——奔驰专用转向助力油、抹布（用于清洁漏油）等，如图 14-13 和图 14-14 所示。  □ 图 14-13　奔驰专用转向助力油 　　　□ 图 14-14　软布 □ 4．实训车辆——奔驰 C300。
安全检查	□ 1．检查车辆驻车制动器是否被拉起，变速器挡位是否处于空挡。 □ 2．举升车辆前，检查实训台架及周围是否安全。 □ 3．举升车辆至高出地面 10～20cm，检查举升机支点位置。 □ 4．举升车辆时，注意举升过程中有无异常、异响。若有，应立即停止当前作业并及时和老师联系，不得擅自处理。
防护工作	人身防护如图 14-15 所示。车身防护如图 14-16 所示。车内防护如图 14-17 所示。（注①）

注①：安全防护要到位。

防护工作	  
	□ 图 14-15 人身防护　　　□ 图 14-16 车身防护　　　□ 图 14-17 车内防护
操作流程	**一、操作步骤** **步骤一　检查及更换转向助力油** □ 1. 检查转向助力油的油品和油量：找到转向助力油罐（见图 14-18），卸下油盖，通过油盖上的油尺观察或检测转向助力油的含水量来判断油品，如图 14-19 所示。   □ 图 14-18　找到转向助力油罐　　□ 图 14-19　检查油品和油量 □ 2. 将旧油抽出，在抽的过程中不起动车辆，边打转向盘边抽油，抽完后添加新油至标准的最高位置。 □ 3. 起动车辆，缓慢地来回打转向盘，打转向盘的同时要加油，保证转向助力油罐里始终有油（此过程中油面不宜过高，否则在发动机熄火后因油泵停止工作不吸油，而管道内的油因为之前的泵油压力的存在，仍然会有部分流回到转向助力油罐，造成转向助力油的溢出），让新油循环。 □ 4. 再次抽出新旧混合油，根据真空量杯抽取的量再添加等同的新油，重复以上过程，使系统内的旧油尽可能多地被换掉，如图 14-20 所示。   □ 图 14-20　抽油及加油

	步骤二　不起动发动机，转动转向盘 □　如图 14-21 所示，首先确认钥匙打开处于 1 挡位置，然后令前轮离地，发动机静止，转动转向盘，从左极限位置转到右极限位置，来回转动 3～5 次。 **步骤三　排空** □　1．起动发动机，使之怠速运转，转动转向盘（见图 14-22），从左极限位置转到右极限位置，来回转动 3～5 次，在极限位置停留不能超 5s。   □ 图 14-21　不起动发动机打转向盘　　　□ 图 14-22　起动发动机打转向盘 □　2．车辆前部放下，在发动机怠速运转的状态下，来回转动转向盘 5～8 次（见图 14-23），检查转向助力油罐内油面高度。 □　3．关闭点火开关 3～5min 后，再查看转向助力油罐内油面高度，若油液中无气泡或乳化现象，则说明系统内空气已排净。否则，仍需重复以上操作，直至空气被排净为止，如图 14-24 所示。   □ 图 14-23　怠速且前轮着地时打转向盘　　□ 图 14-24　完成排空 □　4．6S 管理及车辆复位，如图 14-25 所示。   □ 图 14-25　车辆复位

操作流程

操作流程	**二、注意事项** □ 1．注意检查系统是否漏油。 □ 2．转向盘打到极限位置时停留不得超过 5s。 □ 3．注意检查液压助力转向泵压力是否正常。 **三、技术要求** □ 1．掌握排空气的正确方法。 □ 2．掌握转向助力油的检测方法。	
质量验收	□ 起动发动机，检测转向助力功能是否正常。 　　是 □ 否 □ □ 检查转向助力油罐中油液液位是否正常。 　　是 □ 否 □ □ 与施工单对照检查项目的完成情况。 　　是 □ 否 □ □ 检查工具、设备是否有遗漏在车上。 　　是 □ 否 □	
检查与评估		
6S 管理规范 （教师点评）	□ 整理 　□ 整顿 　□ 清扫 　□ 清洁 　□ 素养 　□ 安全	
成绩评定 （学生总结）	小组对本人的评定：□ 优 　□ 良 　□ 及格 　□ 不及格 学生本次任务成绩：□ 优 　□ 良 　□ 及格 　□ 不及格	

专业考核评分表——转向助力油的更换及排空

班级：		组别：		组长：	日期：		
技术标准：液压转向助力油更换及排空气的流程							
序号	作业项目	考核内容	考核标准	分值	扣分	得分	
1	准备环节	正确选用工具	选错1次扣1分	2			
2		做好防护	少做1项扣2分	4			
3		做好安全检查	漏掉1项扣2分	4			
4	转向助力油更换及排空气环节	检查转向助力油的油品和油量	每漏检1项扣5分	10			
5		抽油和加油	过程如有遗漏步骤或操作不到位的，每项扣5分	40			
6		不起动发动机，转动转向盘	按操作的熟练程度酌情扣分，最多扣10分	10			
7		起动发动机，怠速运转，转动转向盘，排空气	按操作的熟练程度酌情扣分，最多扣10分	10			
8		检查转向助力油量	按操作的熟练程度酌情扣分，最多扣10分	10			
9		项目实训时间	0～15min　　　　　10分 ＞15～20min　　　　8分 ＞20～25min　　　　5分 ＞25min　　　　　　0分	10			
质检员：		评分员：			合计得分		

教师点评：

团队合作：优秀 □　良好 □　及格 □　　　　　分工明确：优秀 □　良好 □　及格 □

专业标准：优秀 □　良好 □　及格 □　　　　　操作规范：优秀 □　良好 □　及格 □

教师签字：			年　　月　　日

注：实训未按规范操作，导致出现设备损坏或人身伤害，本次考核记0分。

任务一　车窗电动机过热保护认知

_____学时

班级：	组别：	姓名：	掌握程度： □ 优 □ 良 □ 及格 □ 不及格

一、工作任务

1. 了解车窗电动机过热保护的含义。

2. 熟悉车窗玻璃过热保护的工作原理。

3. 掌握车窗玻璃自动升降的方法。

二、项目认知

1. 车窗玻璃升降器组成部件（见图 15-1）

车窗玻璃升降器由玻璃、传动机构、电动机、控制模块、控制开关等组成。完成图 15-1 中对应的填空。

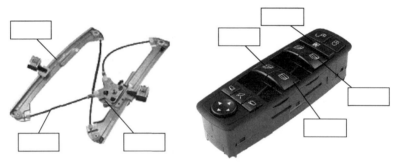

□ 图 15-1　车窗玻璃升降器组成

2. 过热保护

（1）车门电动车窗玻璃连续升降多次后，若无法继续升降或者升降有停顿，应该是由于车窗玻璃升降器电动机频繁工作，进入_____状态导致的。如图 15-2 所示，通过奔驰专用诊断仪读取到右后车窗升降器"过热保护已激活"，处于无法控制升降状态。请仔细阅读图 15-2 所示界面，分析原因是_____。

□ 图 15-2　诊断仪读取的激活参数

（2）前、后门车窗玻璃升降器电动机过热保护的不同原理。

① 前门车窗玻璃升降器电动机过热保护原理，是依靠电动机内部电路的＿＿＿＿＿＿＿＿＿＿
＿＿＿＿＿＿＿＿受热发生弹性变形，从而断开电路，起到保护电动机的作用。左、右前门车
窗玻璃升降器电动机通常在连续驱动玻璃升降数十次后进入过热保护状态。

对于前门车窗玻璃升降电动机来说，如果车窗密封条运行阻力＿＿＿＿＿＿＿＿＿＿（比如玻璃上
有脏污），升降玻璃时，电动机的运行时间会加长，电流产生的热量增加，电动机＿＿＿＿＿＿
＿＿＿＿＿＿前开关连续工作次数会相应减少；如果玻璃升至最高点或最低点后，还是继续按
着开关，则会导致电动机很快进入过热保护状态。

② 后门车窗玻璃升降器电动机内部电路有过热保护的控制单元，电动机过热保护通过软件
算法实现。后门车窗玻璃升降器电动机连续驱动玻璃升降动作＿＿＿＿＿＿＿＿＿次后，便进入过热保护
状态。跟前门车窗玻璃升降器电动机一样，如果运行阻力过大或者到顶（底）部后还继续按着
开关，会很快进入过热保护状态。

（3）前、后门车窗玻璃升降器进入过热保护状态后：

① 立即升降玻璃时玻璃无法升降；

② 进入过热保护＿＿＿＿＿＿＿＿＿＿＿min后，电动机可以再次运行，但通常只可运行
＿＿＿＿＿＿＿＿＿＿＿＿＿次，恢复到非过热保护状态的时间越久，可以运行次数越多；

③ 电动机完全恢复到初始状态约需＿＿＿＿＿＿＿＿＿min；

④ 电动机恢复运行时继电器有＿＿＿＿＿＿＿＿＿声音。

3．奔驰一键升降4个车窗玻璃的方法

（1）在车内，可以通过长按空调控制面板（见图15-3）上的＿＿＿＿＿＿＿＿＿按键，实现一键
关闭4个车窗玻璃，这个功能在行驶在灰尘很大的路段时非常有用。

（2）在车外，可以通过长按遥控钥匙的＿＿＿＿＿＿＿＿＿＿＿，实现一键关闭4个车窗玻璃，
如图15-4所示。

内循环开关

□ **图 15-3　空调控制面板**

内循环

□ **图 15-4　遥控关闭车窗玻璃**

4. 奔驰一键升降车窗玻璃失灵

导致车窗玻璃一键升降失灵的原因：更换或修理过_____；拆过_____；车窗玻璃升降电动机中的_____故障；升降_____损坏；_____故障。

·· □ 案例分享 □ ··

──────── 【故障现象】 ────────

一辆 2011 款奔驰 C200L，配置 M271 高功率版本发动机，行驶里程是 28 758km。用户反映车辆行驶过程中左后门车窗玻璃无法上升，车辆行驶一段时间后发现左后门车窗玻璃又可以升降了，但一键升降功能失灵。

──────── 【故障诊断】 ────────

利用专用诊断仪（XENTRY）检查发现存在玻璃升降器电动机过热保护故障码，根据故障现象，结合故障码综合分析判断，该车故障原因是电动机过热保护，询问用户得知，小孩曾坐在后排，开始一直在升降车窗玻璃玩，后来就出现了玻璃升不上来的现象，进一步证实了故障是玻璃升降器电动机频繁工作导致电动机过热，进入了过热保护模式。

──────── 【故障排除】 ────────

进入过热保护模式后，车窗玻璃自动升降功能失效，对车窗玻璃自动升降功能进行匹配学习之后恢复正常，故障排除。

──────── 【故障原因】 ────────

车窗玻璃升降器电动机在频繁工作时会产生热量，当热量过高时，为了保护电动机不会因过热损坏而强制停止电动机的工作，实施了电动机过热保护功能。

──────── 【案例总结】 ────────

对系统设计有保护功能的单元，在维修检测的过程中要充分考虑到保护功能，不要盲目去拆检部件。本车故障就是典型的因实施保护功能而造成的，只需要进行匹配学习就可以排除掉。

任务二 车窗玻璃升降开关的更换及车窗玻璃 一键升降功能初始化设置

_____学时

班级：	组别：	姓名：	掌握程度： □ 优 □ 良 □ 及格 □ 不及格		
实训目的	掌握奔驰车窗玻璃升降开关的更换及升降器手动初始化的操作步骤及注意事项。				
安全注意 事项	注意设备及个人安全，规范操作。				
教学组织	每辆车按 6 位学员（组长 1 人、主修 1 人、辅修 1 人、观察员 1 人、评分 1 人、质检 1 人）作业，循环操作。				
操作步骤 演示	<div>更换流程</div><div>更换流程 安装新的车窗玻璃升降开关 (1.安装连接线束 2.安装开关)</div>			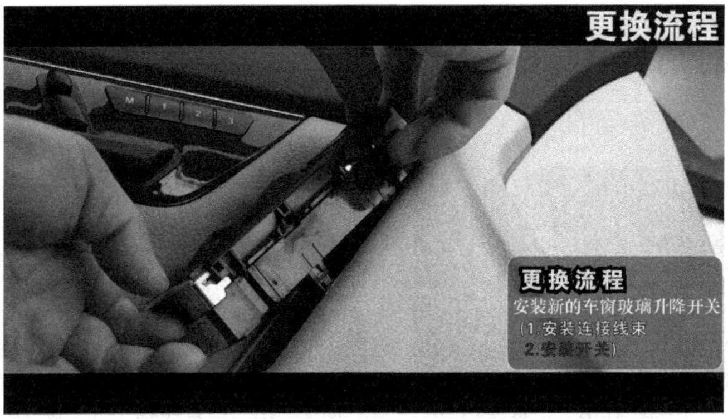 微课 车窗玻璃升降开关的 更换及初始化设置		
任务	作业记录内容 ☑ 正确 ☒ 错误				
前期准备	□ 1. 护具——整车防护七件套（车外三件套——前翼子板垫/左翼子板垫/右翼子板垫，车内四件套——转向盘套/脚垫/座椅套/变速器操作杆套），如图 15-5 和图 15-6 所示。  □ 图 15-5 车外三件套 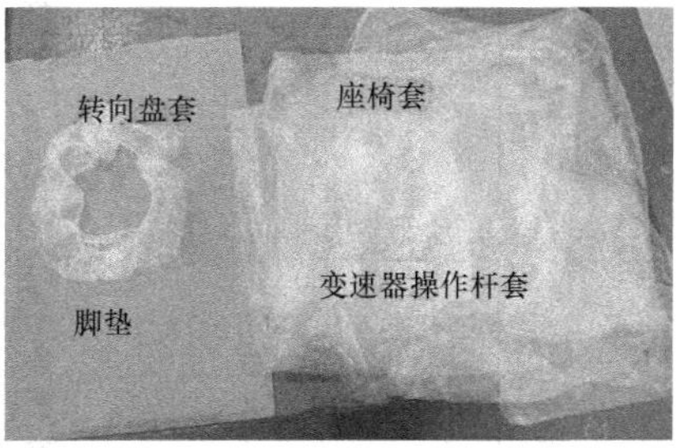　　□ 图 15-6 车内四件套 □ 2. 工具——套装工具（见图 15-7）、专用工具（撬板）等。 □ 3. 耗材——开关总成，如图 15-8 所示。				

前期准备	 □ 图 15-7　套装工具　 □ 图 15-8　开关总成 □ 4．实训车辆——奔驰 C260L。
安全检查	□ 1．检查车辆驻车制动器是否被拉起，变速器挡位是否处于空挡。 □ 2．在车辆前后放置车轮挡块。 □ 3．使用车辆或台架前，检查车辆或实训台架周围是否安全。 □ 4．实训过程中若有异常或异响，应立即停止当前作业并及时和老师联系，不得擅自处理。
防护工作	人身防护如图 15-9 所示。车身防护如图 15-10 所示。车内防护如图 15-11 所示。（注①）    □ 图 15-9　人身防护　　□ 图 15-10　车身防护　　□ 图 15-11　车内防护
操作流程	一、操作步骤 步骤一　车窗玻璃升降开关更换 □ 1．认识并使用检查车窗玻璃升降开关，如图 15-12 所示。  □ 图 15-12　车窗玻璃升降开关

注①：安全防护要到位。

操作流程

□ 2．用专用工具（如撬板）或一字螺钉旋具在车窗玻璃升降开关的边缘撬，从而拆卸开关，如图 15-13 所示。

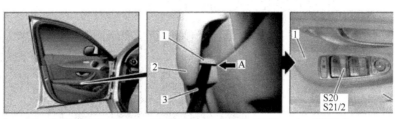

1—车窗玻璃升降开关；2—门衬板；3—专用工具（撬板）；A—拆卸方向；
S20—后视镜调节组；S21/2—乘客舱电动车窗开关

□ 图 15-13　拆卸开关

□ 3．拔下车窗玻璃升降开关的插头，如图 15-14 所示。

□ 4．按与拆卸相反的顺序安装好新的车窗玻璃升降开关，如图 15-15 所示。

□ 图 15-14　拔下插头　　　　　□ 图 15-15　更换新开关

步骤二　车窗玻璃一键升降的初始化

□ 1．进入驾驶室，关闭车门，将点火开关打到"ON"挡。

□ 2．将车窗玻璃降到最低点，接着按住车窗玻璃升降器开关保持 5s，如图 15-16 所示。

□ 3．将车窗玻璃先上升到顶后松开开关，然向上拉起开关保持 6s，如图 15-17 所示。

□ 图 15-16　初始化过程——降玻璃　　□ 图 15-17　初始化过程——升玻璃

操作流程	□ 4．向下按住车窗玻璃升降开关直到车窗玻璃下降到底，然后保持按住的动作 6s。这样手动设置车窗玻璃一键升降功能就学习成功了，即车窗玻璃一键升降的初始化完成，如图 15-18 所示。  □ 图 15-18　初始化过程——初始化完成 □ 5．检测车窗玻璃一键升降功能是否正常。 □ 6．6S 管理及车辆复位。 **二、注意事项** □ 1．注意检查玻璃有没有上升到顶或下降到底。 □ 2．注意手上不要有油渍。 □ 3．注意复位成功后查看功能是否正常。 **三、技术要求** □ 1．掌握正确的车窗玻璃一键升降复位方法。 □ 2．初始化进程中点火开关一定要打到"ON"挡。 □ 3．玻璃上升到顶后松开开关再拉起的动作要连贯，玻璃下降到底后向下按住开关的动作也应连贯，且时间不能过短或过长。

质量验收	□ 起动发动机，检查玻璃一键升降功能是否正常。　　　是 □　否 □ □ 检查仪表是否有报警。　　　　　　　　　　　　　　是 □　否 □ □ 与施工单对照检查项目的完成情况。　　　　　　　　是 □　否 □ □ 检查工具、设备是否有遗漏在车上。　　　　　　　　是 □　否 □

检查与评估	
6S 管理规范 （教师点评）	□ 整理　□ 整顿　□ 清扫　□ 清洁　□ 素养　□ 安全
成绩评定 （学生总结）	小组对本人的评定：□ 优　□ 良　□ 及格　□ 不及格 学生本次任务成绩：□ 优　□ 良　□ 及格　□ 不及格

专业考核评分表——车窗玻璃升降开关的更换及车窗玻璃一键升降功能初始化设置

班级：		组别：	组长：		日期：		
技术标准：1. 更换车窗玻璃升降开关的操作流程；2. 车窗玻璃一键升降功能初始化方法							
序号	作业项目	考核内容	考核标准	分值	扣分	得分	
1	准备环节	正确选用工具	选错1次扣1分	2			
2		做好安全检查	每漏一项扣2分	4			
3		做好防护	每漏一项扣2分	4			
4	车窗玻璃升降开关的更换环节	拆卸车窗玻璃升降开关	按照流程规范操作，错1次扣2分	15			
5		拔下插头		5			
6		安装新开关		15			
7		检验安装是否到位		5			
8	车窗玻璃一键升降功能的初始化环节	点火开关设置	整个环节只要一步出错，设置就会失败，故作为整体考核，不能完成扣40分	40			
9		玻璃降到底并按住开关保持5s					
10		玻璃升到顶并上拉开关保持6s					
11		玻璃降到底并按住开关保持6s					
12		车窗玻璃一键升降检测					
13		项目实训时间	0～10min　　　　10分 >10～15min　　　5分 >15min　　　　　0分	10			
质检员：		评分员：		合计得分			
教师点评：							
团队合作：优秀 □　良好 □　及格 □				分工明确：优秀 □　良好 □　及格 □			
专业标准：优秀 □　良好 □　及格 □				操作规范：优秀 □　良好 □　及格 □			
教师签字：				年　　月　　日			

注：实训未按规范操作，导致出现设备损坏或人身伤害，本次考核记0分。

实训项目十六　　奔驰部分辅助电气设备维护

任务一　奔驰部分辅助电气设备认知

_____学时

班级：	组别：	姓名：	掌握程度： □ 优　□ 良　□ 及格　□ 不及格

一、工作任务

1. 了解奔驰电气辅助系统知识。

2. 熟悉奔驰电气辅助系统工作原理。

3. 掌握奔驰座椅的检查、拆装、设置等操作方法。

二、项目认知

奔驰在车辆主动安全与被动安全方面都有重大贡献，车辆大量使用铝合金材质的主要目的是减轻车辆整备质量，节能减排，但是车辆纵梁、前后防撞梁、车辆 A/B 柱及车顶等关键结构必须使用_____以确保碰撞时可承受足够的冲击并吸能。

未来车辆将提供更多主动安全保护，以保证车内乘员的安全。例如，驾驶辅助系统、主动制动辅助系统和_____，以_____技术为核心，在危险将要发生时会有视觉和听觉的提示等功能。

1. 驾驶辅助系统

奔驰 E 级车装备有智能驾驶辅助系统（见图 16-1），给予不同驾驶情境下的全方位支持。智能领航限距功能的基于路径的车速调节系统可根据实时交通信息的数据提前对车速做出调整。

（1）当监测到拥堵路段时，车速自动_____。在拥堵的车流中，主动式停走辅助功能可_____跟随前车。

（2）当交通严重拥堵时，可在车辆停止后_____内自动重新起动。

2. 主动制动辅助系统

主动制动辅助系统可依据驾驶人制动_____辨识紧急制动，并立即回馈最大的制动力，在短时间内让车辆完全停止，且制动时仪表板下方_____指示灯会迅速亮起，如图 16-2 所示。

☐ 图 16-1　驾驶辅助系统功能

奔驰研发智能型制动系统，旨在遇上复杂的危急状况时，比传统的制动系统更精密，能更迅速地反应，满足制动需求，且使 ESP、ASR、ABS、BAS 等安全配置的运作皆得到优化。一旦发生意外，_____气囊、_____气囊、车窗气帘还会依_____大小分别起动。例如在遭受前向撞击时，智能型传感器会自行判定撞击力度，决定两段式前座气囊的充气量，同时依照撞击力度的大小，指示前、后座_____装置立即将乘员安全带束紧，有充分的安全保护。

　　主动防撞辅助系统能感应＿＿＿＿＿＿状况，当横向有车辆或行人冲出时，系统会先出现＿＿＿＿＿＿符号并发出警示音，同时视情况依序提供部分及＿＿＿＿＿＿制动辅助。当侦测到与前方车辆或移动行人的距离（见图16-3和图16-4）快速缩短时，将依序亮起仪表板警示灯，并响起＿＿＿＿＿＿提醒驾驶人留意。若系统感应到后车逼近，主动后方安全防护系统会使车尾警示灯以高频率闪烁，提醒后方车辆驾驶人留意，也会发出警示音提醒驾驶人。当后车持续逼近时，系统会自动束紧＿＿＿＿＿＿带以降低遭受撞击时对人体的伤害，同时制动力道也会予以＿＿＿＿＿＿，让撞击后的车辆减少前冲距离，避免波及周边车辆造成二次伤害。

□ 图16-2　主动制动辅助系统仪表显示图

□ 图16-3　探测前方车辆距离

　　3．智能领航限距及限速控制

　　（1）智能领航限距功能适用于＿＿＿＿＿＿公路及乡村道路。它能令车辆自动与前车保持合理距离，还首次实现让车辆以＿＿＿＿＿＿km/h速度跟随前车。

　　该功能可使驾驶人更加轻松：他们在正常行驶状态不再需要操作＿＿或＿＿＿＿＿＿踏板，同时在车辆轻微转向时也将得到驾驶引导系统有力＿＿＿＿＿＿。在车速不超过130km/h的情况下，它具有另一项独特性，在车辆密集状况下，即使道路标线＿＿＿＿＿＿或完全没有标线（如道路施工路段），该系统也能探测到相邻行驶的车辆并进行连续主动干预。

　　（2）当在无限速高速路行驶时（见图16-5），最高限速将被系统自动设置为＿＿＿km/h，驾驶人可以通过修改提高限速。

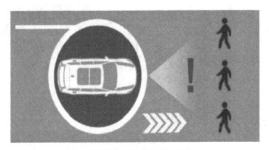

□ 图16-4　探测行人距离

□ 图16-5　无限速高速路限速控制

　　（3）低速行驶时，该系统可以对静止车辆做出响应。在车辆搭载主动制动辅助系统或带360°摄像头的制动组件时，如果该功能在时走时停的交通状况下进行了制动，无须驾驶人介入，车辆即可在＿＿＿s内重新起步。借助基于＿＿＿＿＿＿车速调节功能，限距功能在前方没有车辆作为参照时，将弯道或环状交叉路等路径要素纳入＿＿＿＿＿＿范围，并以此调整车速。

4. 盲点辅助系统

如图 16-6 所示，该系统可监测车辆的盲点区域，能够在探测到危险时发出_____和警告。盲点辅助系统不仅可在驾驶过程中运行，在关闭点火开关后_____min 内仍可运行。

在车速为 10～200km/h 的范围内，如果存在与其他车辆发生侧面碰撞的危险（见图 16-7），该系统则会向驾驶人提供视觉警示，并在转向指示灯开启的情况下发出警示音。在车速超过_____km/h 的情况下，系统可能会实施单侧自主制动，以便在最后时刻帮助车上人员避免侧面碰撞，由此提升驾驶途中的安全系数。

□ 图 16-6　盲点辅助系统仪表显示　　　　□ 图 16-7　盲点辅助系统测距控制

此系统依靠车辆_____对车位进行扫描，判定车位是否_____。驾驶人可以通过仪表板内的反馈信息做出是否需要主动泊车辅助系统进行干预的决定。如图 16-8 所示，成功选择后，该系统将对转向盘进行干预，从而辅助驾驶人完成_____入位。

5. 奔驰 E 级 LED 智能照明系统

继奔驰全新 S 级车之后，奔驰 E 级车上也出现了全 LED 前照灯的设计（见图 16-9），包括两条 LED 日间行车灯带、_____个 LED 转向灯及 LED 远近光灯。奔驰采用了 LED 节能型灯，其功率仅为_____ W。

奔驰为新 E 级前照灯装配了智能照明系统和自适应远光灯辅助系统增强版。这套系统可提供 5 种不同发光模式，已全面换装为 LED 光源。

□ 图 16-8　主动泊车控制　　　　　　　　□ 图 16-9　全 LED 前照灯

（1）乡村照明模式如图 16-10 所示，能够更加宽阔地照亮_____一侧的路面，从而使驾驶人在黑暗中更容易判断前方路况，并能够在其他车辆或人员穿越其行车路径时，更容易做出反应。

（a）乡村普通照明模式

（b）乡村全新照明模式

□ 图 16-10　乡村照明模式

（2）高速公路照明模式如图 16-11 所示。夜间车辆在高速公路上行驶时，车速达到预设的值时，LED 前照灯的亮度会比传统模式近光灯增加 60%的照明度。并且划分出了两挡：在车速＿＿＿＿＿＿km/h 时，一挡自动激活，可有效改善夜间高速公路行车的远距离视野；当车速超过＿＿＿＿＿＿km/h 时，二挡启用，照明范围进一步扩大，识别距离再次加大，光锥中心的可见度比传统模式下近光灯更高，照射距离增加＿＿＿＿＿＿mm。

（a）高速公路普通照明模式

（b）高速公路全新照明模式

□ 图 16-11　高速公路照明模式

（3）增强型雾灯模式如图 16-12 所示。车辆在浓雾天气下行驶时，该功能在 70km/h 速度以内且后雾灯打开时被激活，驾驶人一侧的 LED 前照灯可向外转动约 8°并降低前照灯照射高度，以便更好地照亮近侧路面，同时还可减轻在雾天的反射灯眩光。当车速超过 100km/h 时，该模式便会自动关闭。

（a）普通雾灯照明模式

（b）增强型雾灯模式

□ 图 16-12　普通雾灯照明模式和增强型雾灯模式

（4）主动转弯照明模式如图 16-13 所示。根据不同的车速和转向角，主动转弯照明会自动开启或关闭。此时主动前照灯可迅速向转弯方向转动一定角度（最大可达 15°），增强转角方向的照明效果约 90%。

（a）普通转弯照明模式　　　　　　　（b）主动转弯照明模式

□ 图 16-13　普通转弯照明模式和主动转弯照明模式

（5）弯道辅助照明模式如图 16-14 所示。当车速低于 40km/h 时，转动转向盘或使用转弯信号灯时，弯道辅助照明功能会被自动激活。此时前照灯会照亮汽车前方侧面约 65°角、大约 30m 远的照射区域。对比传统车灯技术，该模式能够更早地发现横穿道路的行人。

（a）普通照明模式　　　　　　　（b）弯道辅助照明模式

□ 图 16-14　普通照明模式和弯道辅助照明模式

该系统可实现远光灯在持久照明的同时，有效避免对其他车辆或行人造成的眩光干扰。通过车前立体多功能摄像头探测，LED 灯组会在 ECU 的控制下自动把光线压低至_____同向或对面车辆之下，使其他车辆不受远光灯影响。根据交通流量及道路照明条件的不同，远光照射距离可以从 65m 一直延伸至_____m。

6．奔驰电气辅助系统认知

（1）汽车技术正向电子化、智能化、电动化和网络化方向快速发展，汽车局域网和自动化技术在汽车中的大量应用使汽车电气辅助系统功能越来越强，从而提高了乘坐的_____性和行驶的_____性。

（2）电气辅助系统主要包括电动刮水系统、风窗玻璃洗涤系统、车窗玻璃升降系统、电动风扇、电动座椅、电动后视镜和玻璃除霜器等。

（3）电动座椅（见图 16-15）以电力为动力，通过传动装置和执行机构对座椅的前后、上下及靠背、头枕等高度进行_____，使驾驶人和乘客的座椅获得理想的位置。奔驰电动座椅运动方向有头枕的上下运动、靠背的前后运动和顶腰功能、坐垫的前后运动、坐垫的上下运动和坐垫的上下倾斜运动。其控制开关如图 16-16 所示。

□ 图 16-15　电动座椅

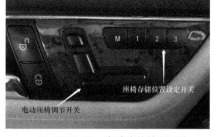

座椅存储位置设定开关

电动座椅调节开关

□ 图 16-16　电动座椅控制开关

□ 案例分享 □

——【故障现象】——

一辆 2016 款奔驰 E260 车，行驶里程是 58 328km。用户反映车辆出现左前照灯、近光灯、远光灯、转向灯都不亮的现象，且仪表显示"智能照明系统停止工作"。

——【故障诊断】——

1. 利用诊断仪（XENTRY）进行检测，根据故障码提示，为供电电量过低及端子 30 对地短路或断路。

2. 检查熔丝，发现左前照灯熔丝熔断，拔下左前照灯线束插头，更换新的熔丝后，检测供电正常，插回插头打开前照灯，熔丝立刻又熔断了，据此判断系统存在短路，造成电流过大，并且故障点在前照灯插头之后。

3. 拆检前照灯灯泡，未发现故障，判断故障点应该在灯光的控制模块。

4. 拆下灯光控制模块进行检查，发现模块电子元件有烧蚀的痕迹，用万用表测量阻值为 0.1Ω，确定元件短路，至此判断出灯光模块损坏。

——【故障排除】——

更换左前照灯灯光控制模块，删除故障码，并对前照灯灯光控制模块进行初始化后，检查所有的灯光，全部恢复正常，故障排除。

——【故障原因】——

前照灯灯光控制模块内部电路出现短路现象，导致电流过大而使熔断熔丝，模块没有电，从而使得左前照灯模块控制的所有灯光都不亮。

——【案例总结】——

本故障是由于前照灯灯光控制模块内部短路而造成的。在更换完模块后一定要记得做初始化设定。

任务二　奔驰座椅检查、拆装和初始化设置

_____学时

班级：	组别：	姓名：	掌握程度： □ 优 □ 良 □ 及格 □ 不及格
实训目的	掌握奔驰座椅拆装的操作步骤及注意事项。			
安全注意 事项	注意设备及个人安全，规范操作。			
教学组织	每辆车按 6 位学员（组长 1 人、主修 1 人、辅修 1 人、观察员 1 人、评分 1 人、质检 1 人）作业，循环操作。			

操作步骤 演示	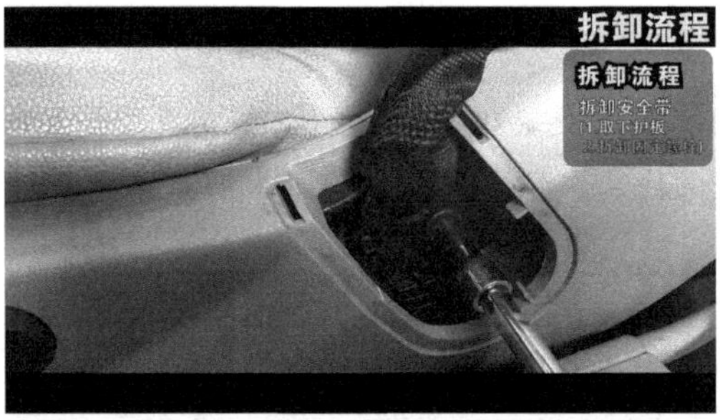 微课 座椅拆装与初始化 设置（一）  微课 座椅拆装与初始化 设置（二）

任务	作业记录内容　☑ 正确　☒错误
前期准备	□ 1. 护具——整车防护七件套（车外三件套——前翼子板垫/左翼子板垫/右翼子板垫，车内四件套——转向盘套/脚垫/座椅套/变速器操作杆套），如图 16-17 和图 16-18 所示。  □ 图 16-17　车外三件套 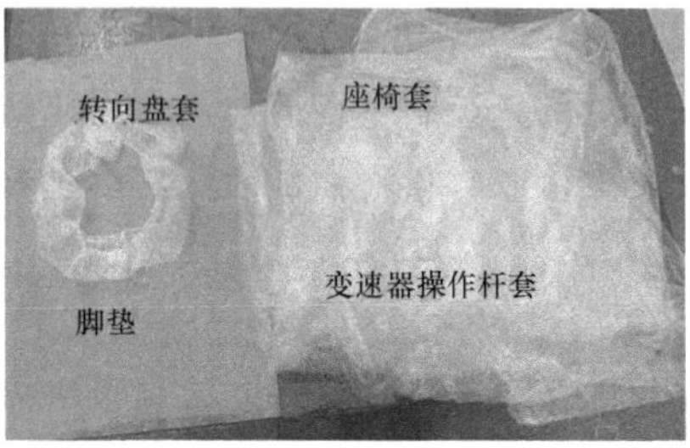　　　□ 图 16-18　车内四件套

前期准备	□ 2．工具——套装工具、吹枪等，如图 16-19 和图 16-20 所示。 □ 3．耗材——泡沫清洗剂、软布（用于清洁场地，见图 16-21）。 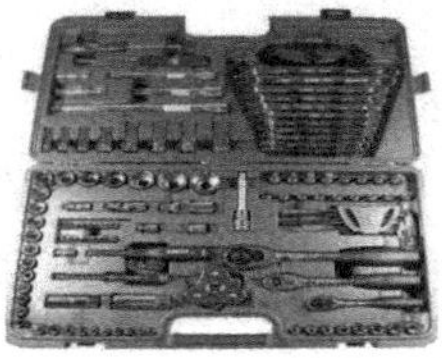 □ 图 16-19　套装工具 　　　□ 图 16-20　吹枪 　　　□ 图 16-21　软布 □ 4．实训车辆——奔驰 ML350。
安全检查	□ 1．检查车辆驻车制动器是否被拉起，变速器挡位是否处于空挡。 □ 2．在车辆前后放置车轮挡块。 □ 3．使用车辆或台架前，检查车辆或实训台架周围是否安全。 □ 4．实训过程中若有异常或异响，应立即停止当前作业并及时和老师联系，不得擅自处理。
防护工作	人身防护如图 16-22 所示。车身防护如图 16-23 所示。车内防护如图 16-24 所示。（注①）  □ 图 16-22　人身防护 　　　□ 图 16-23　车身防护 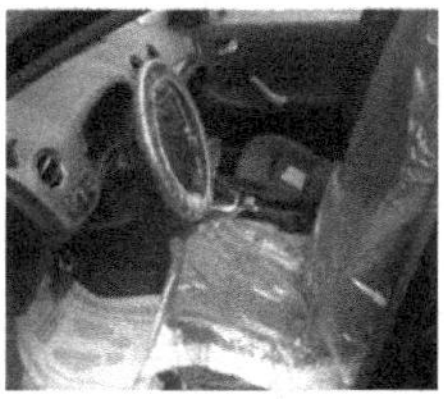　　　□ 图 16-24　车内防护
操作流程	**一、操作步骤** **步骤一　座椅功能检查** □ 1．操作座椅各部件，检查座椅运动情况，如图 16-25 所示。 □ 2．检测安全带卷帘器和插口功能，如图 16-26 所示。 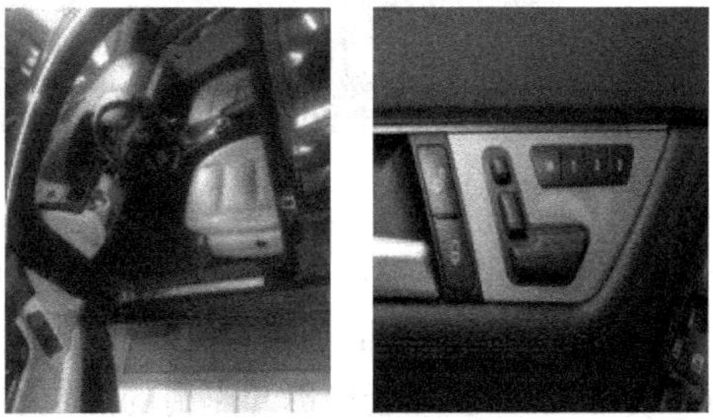 □ 图 16-25　座椅运动情况检查

注①：安全防护要到位。

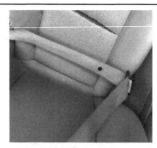

□ 图 16-26　安全带状况检查

步骤二　左前座椅拆装

□ 1. 首先把座椅坐垫调整到最后，用工具拆掉最前面两颗固定螺栓，再把座椅坐垫移动到最前面，拆掉最后面两颗固定螺栓，如图 16-27 所示。

操作流程

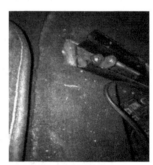

□ 图 16-27　座椅固定螺栓拆卸

□ 2. 把座椅靠背后移（为了方便座椅移到车外），如图 16-28 所示。

□ 图 16-28　后移座椅靠背

□ 3. 断开蓄电池负极，解除供电，并要消除气囊模块的静电，防止安全系统触发，所以要等 10min 后拔掉座椅下的插头，如图 16-29 所示。

□ 4. 使用 E12 星形套筒拆卸座椅的固定螺栓，把座椅移到车外（在移动座椅时不要碰到内饰板特别是门饰板，因为其表面是皮质材料易破损），如图 16-30 所示。

操作流程	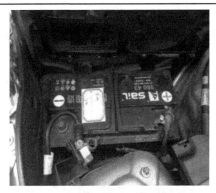 □ 图 16-29　断电 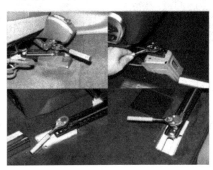  □ 图 16-30　移出座椅 □ 5．使用吹枪将座椅下面地毯上的灰尘清除掉，用泡沫清洗剂清洗座椅上的脏污等，然后用软布擦干。 □ 6．安装座椅时，装配好安全带固定螺栓，如图 16-31 所示，注意应使用新的固定螺栓，座椅架固定螺栓拧紧力矩为 50 N·m，安全带固定螺栓拧紧力矩为 30 N·m，如果安装有重量感应系统（WSS），必须对重量做标定（使用专用诊断）。 □ 7．6S 管理及车辆复位，如图 16-32 所示 。 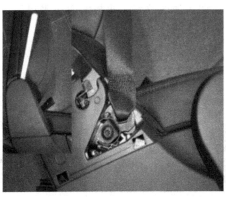  □ 图 16-31　安全带固定螺栓　　　　□ 图 16-32　6S 管理

步骤三　座椅初始化设置

对于带有记忆功能的座椅，断电拆装后需要进行初始化设置，使其恢复自动调整的功能。

☐ 1. 找到座椅调节按钮，如图 16-33 所示。

☐ 2. 将座椅坐垫调至最前，再按紧座椅坐垫调节按钮保持 5s，如图 16-34 所示。

☐ 图 16-33　座椅调节按钮　　　　☐ 图 16-34　座椅设置（1）

☐ 3. 将座椅坐垫调至最后，再按紧座椅坐垫调节按钮保持 5s，如图 16-35 所示。

☐ 4. 将座椅坐垫前部升至最高位置，再按紧座椅坐垫调节按钮保持 5s，如图 16-36 所示。

操作流程

☐ 图 16-35　座椅设置（2）　　　　☐ 图 16-36　座椅设置（3）

☐ 5. 将座椅坐垫前部调至最低位置，再按紧座椅坐垫调节按钮保持 5s，如图 16-37 所示。

☐ 6. 将座椅坐垫后部升至最高位置，再按紧座椅坐垫调节按钮保持 5s，如图 16-38 所示。

☐ 图 16-37　座椅设置（4）　　　　☐ 图 16-38　座椅设置（5）

操作流程	□ 7．将座椅坐垫后部调至最低位置，再按紧座椅坐垫调节按钮保持 5s，如图 16-39 所示。 □ 8．将座椅靠背调至最前位置，再按紧靠背调节按钮保持 5s，如图 16-40 所示。 □ 9．将座椅靠背调至最后位置，再按紧靠背调节按钮保持 5s，如图 16-41 所示。   □ 图 16-39　座椅设置（6）　　　　　　□ 图 16-40　座椅设置（7） □ 10．将座椅头枕升至最高位置，再按紧头枕调节按钮保持 5s，如图 16-42 所示。   □ 图 16-41　座椅设置（8）　　　　　　□ 图 16-42　座椅设置（9） □ 11．将座椅头枕调至最低位置，再按紧头枕调节按钮保持 5s，如图 16-43 所示。  □ 图 16-43　座椅设置（10）

操作流程	□ 12. 检查全部设置是否成功。 □ 13. 6S 管理及车辆复位。 **二、注意事项** □ 1. 注意检查座椅功能是否正常。 □ 2. 注意一定要断电并等 10min 后再拔插头。 □ 3. 注意移动座椅时不要损坏内饰。 **三、技术要求** □ 1. 掌握座椅拆装方法。 □ 2. 掌握座椅设置方法。 □ 3. 座椅装配完成后一定要清除故障码。
质量验收	□ 检查仪表是否有报警。　　　　　　　　　　　是 □　否 □ □ 检查内饰及座椅外表是否有划伤。　　　　　是 □　否 □ □ 检查座椅所有的功能是否正常。　　　　　　是 □　否 □ □ 与施工单对照检查项目的完成情况。　　　　是 □　否 □ □ 检查工具、设备是否有遗漏在车上。　　　　是 □　否 □

	检查与评估
6S 管理规范 （教师点评）	□ 整理　　□ 整顿　　□ 清扫　　□ 清洁　　□ 素养　　□ 安全
成绩评定 （学生总结）	小组对本人的评定：□ 优　　□ 良　　□ 及格　　□ 不及格 学生本次任务成绩：□ 优　　□ 良　　□ 及格　　□ 不及格

专业考核评分表——奔驰座椅检查、拆装和初始化设置

班级：		组别：	组长：	日期：		

技术标准：1. 座椅检查流程；2. 座椅拆装流程；3. 座椅初始化设置方法

序号	作业项目	考核内容	考核标准	分值	扣分	得分
1	准备环节	正确选用工具	选错1次扣1分	2		
2		做好防护	少做1项扣2分	4		
3		做好安全检查	漏掉1项扣2分	4		
4	座椅检查环节	检查座椅各部件及座椅运动情况，检查安全带的情况	每漏1项扣2分	5		
5	座椅拆装环节	座椅拆卸	按熟练程度扣分，最多扣5分	5		
6		断电操作	未断电拔插头扣5分	5		
7		搬出座椅	伤到座椅表面或内饰每项扣5分	10		
8		清洁座椅并安装座椅	未装好扣5分	10		
9	座椅初始化设置环节	座椅坐垫前后调节设置	未完成每项扣5分	10		
10		座椅坐垫前部高度调节设置	未完成每项扣5分	10		
11		座椅坐垫后部高度调节设置	未完成每项扣5分	10		
12		座椅靠背调节设置	未完成每项扣5分	10		
13		座椅头枕调节设置	未完成每项扣5分	10		
14		项目实训时间	0～30min　5分 >30～35min　3分 >35～40min　2分 >40min　0分	5		
质检员：		评分员：		合计得分		

教师点评：

团队合作：优秀 □ 良好 □ 及格 □　　　　分工明确：优秀 □ 良好 □ 及格 □
专业标准：优秀 □ 良好 □ 及格 □　　　　操作规范：优秀 □ 良好 □ 及格 □

教师签字：　　　　　　　　　　　　　　　　年　　月　　日

注：实训未按规范操作，导致出现设备损坏或人身伤害，本次考核记0分。

任务一　奔驰智能钥匙认知

_____学时

班级：	组别：	姓名：	掌握程度： □ 优 □ 良 □ 及格 □ 不及格

一、工作任务

1. 了解奔驰钥匙的发展历史。

2. 熟悉奔驰 C200 智能钥匙的组成及作用。

3. 掌握钥匙电池的检查方法及更换流程。

二、项目认知

1. 奔驰钥匙的发展

第一代：传统的机械钥匙可实现基本的车门开关功能。

第二代：可以轻按遥控器按钮实现车门的开闭功能，但汽车发动还需一把机械钥匙来操作，两把钥匙共同使用，缺一不可，有些烦琐。

第三代：将钥匙和遥控器的功能合二为一，开门/关门/汽车发动都需要通过主动按键来完成，机械钥匙内嵌在遥控钥匙中，以备不时之需。

第四代：在主动按键的基础上，增加了被动工作方式，无须按键就可以实现开门/关门动作，进一步提高了效率，安全性能大幅提高。

奔驰钥匙外观的发展变化如图 17-1 所示。

□ **图 17-1　奔驰钥匙外观的发展变化**

2. 奔驰智能钥匙的认知

（1）作用：奔驰智能钥匙是常见的无钥匙进入系统，也称智能钥匙系统，是由_____、

_____、_____3 个接收器及相关线束组成的控制系统。遥控器和发射器集成在钥匙上，车辆可以根据智能钥匙发来的信号，进入锁止或不锁止状态，甚至可以自动关闭车窗和天窗。

（2）奔驰智能钥匙主要由_____和_____组成，如图 17-2 所示。

3．钥匙遥控器

（1）组成：钥匙遥控器（见图 17-3）主要由信号发射单元和信号接收单元两部分组成。

□ **图 17-2　奔驰智能钥匙的组成**

□ **图 17-3　钥匙遥控器**

① 信号发射单元：由_____、_____、集成电路等组成，内含识别代码存储回路和调幅调制回路，并在电路的相反一侧装有揿钮型的锂电池。发射频率按使用国的无线电标准进行选择，每按一次按键进行一次信号发送。

② 信号接收单元：发射器利用短波调制发出识别代码后，通过汽车的短波天线（红外线接收器）进行接收，并利用分配器进入接收器电子控制单元（ECU）的短波高频增幅处理器进行解调，与被解调器的_____进行比较，如果是正确的代码，就输入控制电路并使执行器工作。

（2）工作原理（见图 17-4）：先从_____发出微弱的电波，由汽车风窗玻璃天线接收该电波信号，经电子控制单元识别信号代码，再由该系统的执行器（电动机或电磁线圈）执行开/闭锁的动作。

4．奔驰智能钥匙的工作方式

奔驰智能钥匙的工作方式可分为 3 类：主动工作方式、被动工作方式和线圈感应工作方式。

（1）主动工作方式。通过_____模块（ECU）和_____模块（Body Control Management，BCM）来控制车门，只需按下钥匙按键发送开锁/闭锁命令，通过车身电子模块验证后，即可打开/关闭车门。

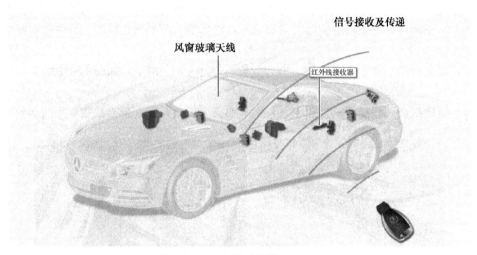

□ 图 17-4 钥匙遥控器工作原理

（2）被动工作方式。当驾驶人进入 PKE（无钥匙进入）系统的感应区域内时，只要用手触及车门把手，其携带的智能钥匙就会接收到汽车发送的_____信号，如果这个信号与智能钥匙中保存的身份识别信息一致，智能钥匙将被唤醒。智能钥匙被唤醒后将分析汽车发出的认证口令，并发送经过加密处理（以提高安全性）的相应信号，汽车接收到这个信号后，会对信号和汽车内部保存的信息进行比较，如果验证通过，汽车将打开车门锁。一旦驾驶人进入车内，只需要简单地按一下起动键，汽车发动机就会起动。按键触发时 PKE 系统首先需要检测_____是否在车内，然后完成同样的认证过程后才会起动发动机。当驾驶人离开汽车时，只需按一下门把手，汽车门就会上锁，汽车在真正锁定之前，同样要检测驾驶人的位置，并经过同样的验证过程。

（3）线圈感应工作方式。这种方式主要通过将加密的芯片（带线圈）置于钥匙内，在开锁的过程中，通过车身的射频收发器验证钥匙是否匹配来决定能否起动发动机。这种方式在钥匙_____的特殊情况下汽车仍能正常发动。

·········· ◻ 案例分享 ◻ ··········

───── 【故障现象】 ─────

一辆 2015 款奔驰 C200，配置 M274 高功率版本发动机，行驶里程是 67 288km。用户反映遥控钥匙的车窗便捷升窗功能失效，距离稍远一点按遥控钥匙按键时开/锁车门功能失灵。

───── 【故障诊断】 ─────

1. 维修技师利用诊断仪（XENTRY）检查相关控制单元，未发现故障码，手动升降车窗玻璃，玻璃能正常升降，由此确认车窗升降功能正常，分析判断该车玻璃升降电动机及其供电电路正常。

2. 按遥控钥匙按键欲开/关车门，从靠近车辆的位置向外走，边走边按，当走到车间门口时，按遥控钥匙按键车门不再开/关，这个控制距离明显比同车型的其他车辆要近，怀疑是钥匙发射的信号偏弱，传输距离不够，车辆没有接收到信号造成的，而信号偏弱可能是由于遥控钥匙电量不足导致的。

3. 根据维修手册拆解钥匙，测得遥控钥匙电池电压在2.8V，而标准电压是3.2V，确定电池电量不足。

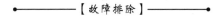

【故障排除】

更换新的电池，测试车窗便捷升窗功能，恢复正常；遥控开/锁车门距离也和同款车基本一致，故障排除。

【故障原因】

智能钥匙电池电压低于2.9V以后，车辆的便捷功能会受限，遥控也会因信号变弱而缩短控制距离，本车故障就是因为电池电压偏低、电量不足而造成的。

【案例总结】

奔驰车窗便捷升窗功能需要长时间按压遥控钥匙的锁车按键，因此对遥控钥匙的电池的耗电量是非常大的，车辆不能便捷升窗、遥控距离变近的时候，在没有故障码的情况下，我们要先检测钥匙的电量是否充足，避免走弯路。

任务二　奔驰智能钥匙电池的更换

_____学时

班级：	组别：	姓名：	掌握程度： □ 优 □ 良 □ 及格 □ 不及格		
实训目的	掌握奔驰智能钥匙电池更换的操作步骤及注意事项。				
安全注意 事项	注意设备及个人安全，规范操作。				
教学组织	每辆车按 6 位学员（组长 1 人、主修 1 人、辅修 1 人、观察员 1 人、评分 1 人、质检 1 人）作业，循环操作。				
操作步骤 演示	更换流程 更换流程 安装钥匙电池 （1. 将新 CR2025 电池安装至钥匙 2. 安装钥匙背盖 3. 安装机械钥匙）		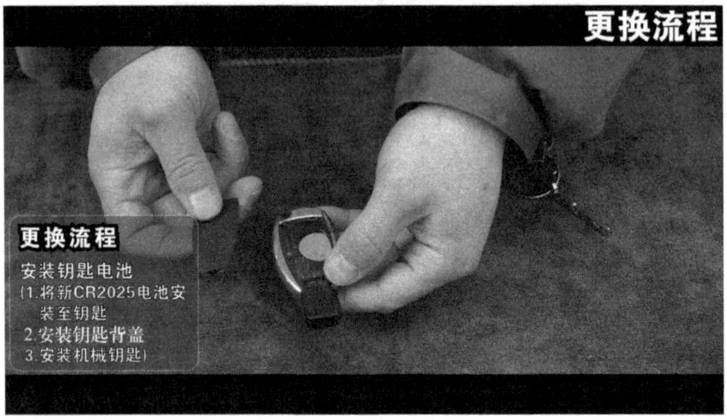 微课 智能钥匙电池 的更换		
任务	作业记录内容　☑ 正确　☒ 错误				
前期准备	□ 1. 工具——诊断仪（见图 17-5）、工作台等。 □ 2. 耗材——奔驰钥匙与电池 CR2025，如图 17-6 所示。 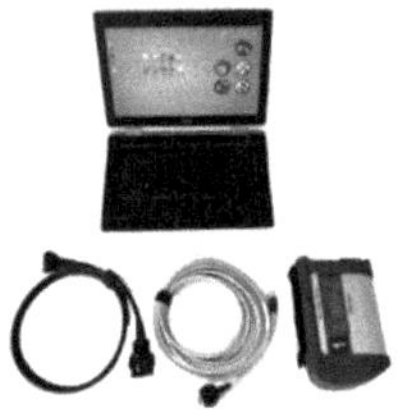 □ 图 17-5　诊断仪 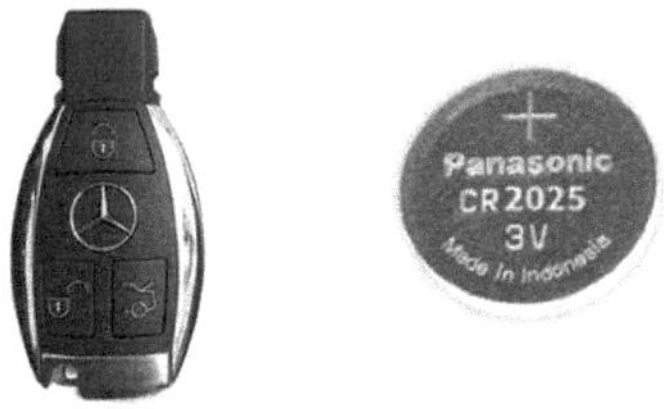　　　　　□ 图 17-6　遥控钥匙与电池 □ 3. 实训车辆——奔驰 C300。				
安全检查	□ 1. 检查车辆驻车制动器是否被拉起，变速器挡位是否处于空挡。 □ 2. 在车辆前后放置车轮挡块。 □ 3. 使用车辆或台架前，检查车辆或实训台架周围是否安全。 □ 4. 实训过程中若有异常或异响，应立即停止当前作业并及时和老师联系，不得擅自处理。				

操作流程	**一、操作步骤** **步骤一　更换钥匙电池（注①）** □ 1．准备 CR2025 电池及奔驰车钥匙。 □ 2．上拉钥匙，同时顶开卡扣，如图 17-7 所示。 □ 3．拔出钥匙，如图 17-8 所示。 □ 4．插入钥匙，挑出后盖，如图 17-9 所示。    □ 图 17-7　顶开卡扣　　□ 图 17-8　拔出钥匙　　□ 图 17-9　挑开后盖 □ 5．轻拍钥匙，倒出电池，如图 17-10 所示。    □ 图 17-10　倒出电池 □ 6．换上新电池（注意安装方向），按拆的相反顺序完成安装，检查钥匙功能，确保功能正常。 **步骤二　奔驰钥匙上的中央门锁遥控器重新设定** 　　遥控器（见图 17-11）需要重新设定的情况：要多次操作遥控器按键，系统才能正常工作；丢失或需要增加遥控器；遥控器电池电压过低；防盗系统有故障等。  □ 图 17-11　奔驰钥匙认知

注①：不要用暴力拆装，机械钥匙插入锁止卡扣时动作一定要轻，避免损坏卡扣。

操作流程	□ 1．奔驰红外线遥控器同步设定程序如下。 □（1）将点火开关转至 KEY-OFF，关闭所有车窗及车门。 □（2）间时按遥控器上的开锁键和锁车键 2s 后放开。 □（3）在 30s 内用原车钥匙将车门锁锁上和打开。 □（4）按一次遥控器任意按键即可。 □ 2．奔驰红外线遥控器复制程序如下。 □（1）将车门关上，将点火开关转至 OFF 位置。 □（2）开关转至 KEY-ON，再转至 KEY-OFF，再按一次新的遥控器任意按键即完成复制。 □（3）每一部车可最多复制 8 个遥控器。 □（4）对每把复制的遥控器进行检查，确认是否完成复制。 □ 3．奔驰 W140、W129、W124、W202 等车系的防盗遥控系统均有自我诊断故障功能，需要在防盗控制单元与遥控器之间重新设定。 **二、注意事项** □ 1．注意钥匙电池的型号。 □ 2．注意手上不要有油。 □ 3．注意不要同时接触电池正负极。 □ 4．奔驰红外线遥控系统与电动车窗必须共同设定，如果按遥控按键持续 1s 以上，未关上的窗户应会自动关闭，如果没有关上必须进行功能测试或设定。 **三、技术要求** □ 1．掌握正确更换钥匙电池的方法。 □ 2．了解钥匙电池的正常电压、最低电压的值。 □ 3．钥匙电池更换以后应进行功能测试。
质量验收	□ 钥匙电池选择的型号是否正常。　　　　　　　　　　是 □　否 □ □ 钥匙电池的正负极安装是否正确。　　　　　　　　是 □　否 □ □ 钥匙电池的电压是否正常。　　　　　　　　　　　是 □　否 □ □ 钥匙电池更换以后功能是否正常。　　　　　　　　是 □　否 □ □ 检测车辆能否起动。　　　　　　　　　　　　　　是 □　否 □
检查与评估	
6S 管理规范 （教师点评）	□ 整理　　□ 整顿　　□ 清扫　　□ 清洁　　□ 素养
成绩评定 （学生总结）	小组对本人的评定：□ 优　　□ 良　　□ 及格　　□ 不及格 学生本次任务成绩：□ 优　　□ 良　　□ 及格　　□ 不及格

专业考核评分表——奔驰智能钥匙电池的更换

班级：		组别：	组长：		日期：		
技术标准：1. 钥匙电池的更换方法；2. 钥匙的匹配方法							
序号	作业项目	考核内容	考核标准	分值	扣分	得分	
1	准备环节	正确选用工具	选错 1 次扣 1 分	2			
2		做好防护	少做 1 项扣 2 分	4			
3		做好安全检查	漏掉 1 项扣 2 分	4			
4	更换钥匙电池环节	顶开卡扣	不会做扣 5 分	5			
5		取出机械钥匙	不会做扣 5 分	5			
6		挑开后盖	不会做扣 5 分	5			
7		换电池	电池装反扣 5 分	5			
8		检查更换效果	未检查扣 5 分	5			
9	钥匙重新设定和复制	红外线遥控器同步设定	按熟练程度扣分，不能进入界面扣 15 分	15			
10		红外线遥控器复制流程		15			
11		遥控器复制后检验	未检验扣 5 分	5			
12		做防盗控制单元与遥控器之间重新设定	每错一步扣 5 分，不能通过验证扣 15 分	15			
13		设定后检验	未检验扣 5 分	5			
14	项目实训时间		0～10min　　　　　10 分 >10～13min　　　　8 分 >13～16min　　　　5 分 >16min　　　　　　0 分	10			
质检员：		评分员：		合计得分			

教师点评：

团队合作：优秀 □　良好 □　及格 □　　　　分工明确：优秀 □　良好 □　及格 □

专业标准：优秀 □　良好 □　及格 □　　　　操作规范：优秀 □　良好 □　及格 □

教师签字：　　　　　　　　　　　　　　　　　　　　　　　年　　月　　日

注：实训未按规范操作，导致出现设备损坏或人身伤害，本次考核记 0 分。

实训项目十八　奔驰 AGM 蓄电池认知、检查与更换

任务一　AGM 蓄电池认知

____________学时

班级：	组别：	姓名：	掌握程度： □ 优 □ 良 □ 及格 □ 不及格

一、工作任务

1．了解 AGM 蓄电池知识。

2．熟悉奔驰 C200 AGM 蓄电池的位置。

3．掌握奔驰 AGM 蓄电池的更换流程。

二、项目认知

1．蓄电池知识的认知

（1）蓄电池是______________________________，它将____________能转换成____________能。

（2）蓄电池的作用：在车辆未起动时给____________供电，标准的蓄电池电压是____________，那么如果蓄电池电压低于____________，则需要充电或更换。

2．奔驰 AGM 蓄电池

（1）AGM 蓄电池（即用导电纤维代替常规锂电池中的酸性电解液）铭牌参数：在蓄电池表面铭牌上标示的参数如“12V　80AH　380A　DIN”，表示的意思分别是

12V	80AH	380A	DIN
____________	____________	____________	____________

（2）AGM 蓄电池日期：在蓄电池的负极桩头表面会打印数字符号如“11/12”，它的意思是____________生产的蓄电池。

3．AGM 蓄电池与普通铅酸蓄电池对比

（1）普通铅酸蓄电池（见图 18-1）：容量较小，会导致车辆起动困难，在车辆用电设备配备较多时，会导致用电设备____________，需要经常维护，比较麻烦，使用寿命较短，但价格便宜。

（2）AGM 蓄电池（见图 18-2）：容量大，在起动时或给车辆用电设备供电时能提供足够的电能，不需要维护，使用起来比较简单，但价格比较高。

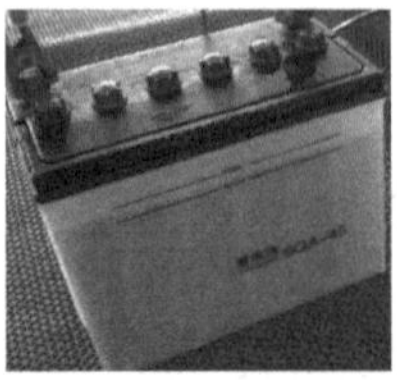

□ 图 18-1　普通铅酸蓄电池

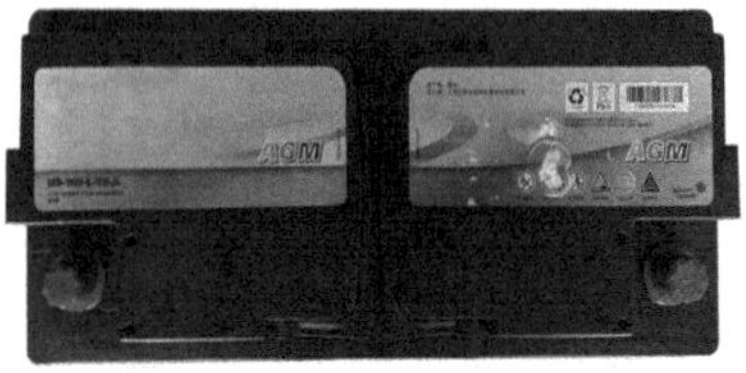

□ 图 18-2　AGM 蓄电池

━━━━━━━━━━━━━━━━━━━━ □ **案例分享** □ ━━━━━━━━━━━━━━━━━━━━

●━━━━━━━━━━ 【故障现象】 ━━━━━━━━━━●

　　一辆 2011 款奔驰 C200，配置 M221 高功率版本发动机，行驶里程是 58 823km。用户反映早上车辆不能起动。现场请求维修站派人检测与维修。

●━━━━━━━━━━ 【故障诊断】 ━━━━━━━━━━●

　　1. 维修技师接到车辆后，打开前照灯，看到前照灯灯光有些暗，按扬声器开关时扬声器声音也不洪亮，初步判断蓄电池电量不足。

　　2. 起动车辆，听到发动机舱有"咔嗒"一声响，在听到声响的同时观察到仪表灯变暗，起动机没有运转的迹象。接通点火开关时发动机舱有"咔嗒"的响声，说明起动机的吸合线圈已经正常工作了，而仪表灯变暗则说明励磁电路也已经工作，只是由于起动机需要很大的电流才能正常工作，而蓄电池提供不了足够的电流，导致起动机不能运转，同时仪表灯也因电流变小而变暗，进一步判断蓄电池电量不足。

　　3. 用万用表测量蓄电池电压，电压只有 10.23V，确定蓄电池电量不足。

●━━━━━━━━━━ 【故障排除】 ━━━━━━━━━━●

　　更换新的蓄电池后，车辆能正常起动，用诊断仪测试车辆相关部件并进行引导性检查，未发现问题，删除故障码；进行静态电流检测，未发现有漏电现象，至此故障排除。

●━━━━━━━━━━ 【故障原因】 ━━━━━━━━━━●

　　因用户很少用车，车辆停了很长时间没有发动过，蓄电池电量一直得不到补充，而且车上的蓄电池放置时间比较长，存电能力变差，最终导致蓄电池电量过低，车辆无法起动。

●━━━━━━━━━━ 【案例总结】 ━━━━━━━━━━●

　　该车故障是由于蓄电池亏电引起的，维修技师在诊断过程中通过听和看初步判断故障点，并最终确定故障原因。在车辆的维修过程中，结合该故障出现时伴随的一些其他相关联的现象，可以更方便快捷地找出故障点，并快速排除故障。

任务二　奔驰蓄电池的检查与更换

_____学时

班级：	组别：	姓名：	掌握程度： □ 优　□ 良　□ 及格　□ 不及格
实训目的	掌握奔驰蓄电池拆装的操作步骤及注意事项。		
安全注意 事项	注意设备及个人安全，规范操作。		
教学组织	每辆车按6位学员（组长1人、主修1人、辅修1人、观察员1人、评分1人、质检1人）作业，循环操作。		
操作步骤 演示			
任务	作业记录内容　☑ 正确　☒ 错误		
前期准备	□　1. 护具——整车防护七件套（车外三件套——前翼子板垫/左翼子板垫/右翼子板垫，车内四件套——转向盘套/脚垫/座椅套/变速器操作杆套），如图18-3和图18-4所示。  □ 图18-3　车外三件套 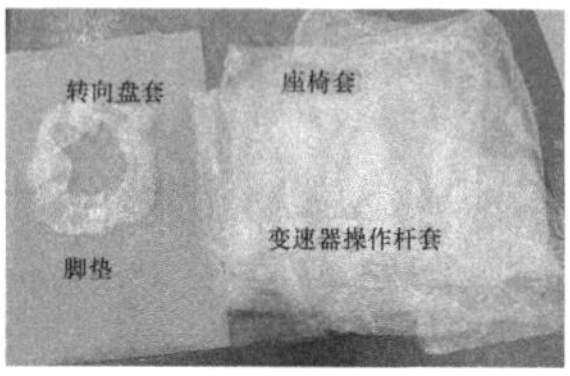　　　　□ 图18-4　车内四件套 □　2. 工具——套装工具（见图18-5）、诊断仪、蓄电池检测仪（见图18-6）、扭力扳手（见图18-7）等。 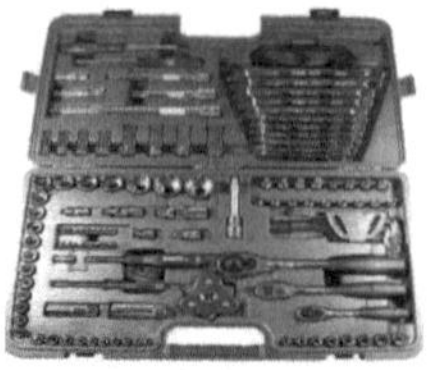 □ 图18-5　套装工具 　　□ 图18-6　蓄电池检测仪 　　□ 图18-7　扭力扳手		

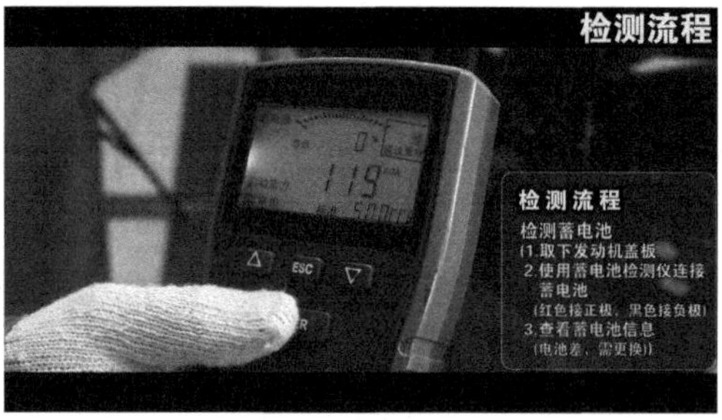

前期准备	□ 3．耗材——蓄电池、抹布。 □ 4．实训车辆——奔驰 C200。
安全检查	□ 1．检查车辆驻车制动器是否被拉起，变速器挡位是否处于空挡。 □ 2．在车辆前后放置车轮挡块。 □ 3．使用车辆或台架前，检查车辆或实训台架周围是否安全。 □ 4．实训过程中若有异常或异响，应立即停止当前作业并及时和老师联系，不得擅自处理。
防护工作	人身防护如图 18-8 所示。车身防护如图 18-9 所示。车内防护如图 18-10 所示。（注①）  □ 图 18-8　人身防护 　　□ 图 18-9　车身防护 　　□ 图 18-10　车内防护
操作流程	一、操作步骤 **步骤一　检测蓄电池** □ 1．查找蓄电池的位置，如图 18-11 所示。 □ 2．用检测仪检测蓄电池的性能和指标，如图 18-12 所示。  □ 图 18-11 蓄电池位置 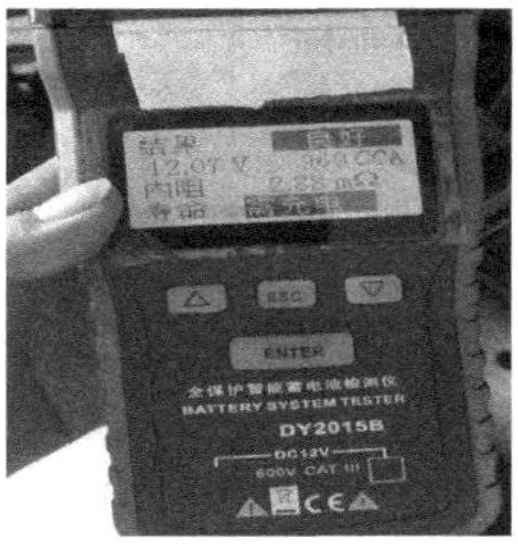　　　　□ 图 18-12　检测仪检测 □ 3．判断蓄电池是否正常（是否需要更换）。 **步骤二　更换蓄电池** □ 1．记住车内时间电台等电子设备的初始设置后，关闭点火开关，认清蓄电池的正负极，如图 18-13 所示。 □ 2．断开蓄电池负极桩头连接线，再断开正极桩头连接线，如图 18-14 所示。

注①：安全防护要到位。

蓄电池正极
（有明显标识）

蓄电池负极
（长时间停放车辆时，请拔掉负极）

□ 图 18-13　认清蓄电池正负极

有的车型用的是钢板

锁紧带

□ 图 18-14　拆卸蓄电池正负极

操作流程

□ 3. 拆掉蓄电池锁紧带的螺栓，取出蓄电池。

□ 4. 把新蓄电池放入安装位置，装好固定架及螺栓，检查蓄电池在安装位置是否牢固、有无晃动。

□ 5. 按照先正后负的顺序并以 18N·m 力矩拧紧桩头连接线，起动车辆检查，确保连接牢固可靠，如图 18-15 所示。

□ 6. 在更换蓄电池时断电操作会造成仪表板的记忆数据全部清零，驾驶人的设定参数以及驾驶记录数据都会清空，所以需要对日期等参数进行复位，如图 18-16 所示。

□ 图 18-15　拧紧桩头连接线

操作流程	 □ 图 18-16　系统复位 □ 7．6S 管理及车辆复位。 **二、注意事项** □ 1．注意蓄电池是否安装牢固。 □ 2．注意手上不要有油渍。 □ 3．注意复位成功后查看报警灯是否熄灭。 **三、技术要求** □ 1．正确掌握复位方法。 □ 2．使用抹布对发动机舱等部件进行清洁。 □ 3．每次更换完蓄电池都要复位和删除故障码。
质量验收	□ 起动发动机，检查仪表上是否有报警灯点亮。　　是 □　否 □ □ 检查各电气设备工作是否正常。　　是 □　否 □ □ 与施工单对照检查项目的完成情况。　　是 □　否 □ □ 检查工具、设备是否有遗漏在车上。　　是 □　否 □
检查与评估	
6S 管理规范 （教师点评）	□ 整理　□ 整顿　□ 清扫　□ 清洁　□ 素养　□ 安全
成绩评定 （学生总结）	小组对本人的评定：□ 优　□ 良　□ 及格　□ 不及格 学生本次任务成绩：□ 优　□ 良　□ 及格　□ 不及格

专业考核评分表——奔驰蓄电池的检查与更换

班级：		组别：		组长：		日期：	

技术标准：1. 蓄电池的检测方法；2. 蓄电池更换流程

序号	作业项目	考核内容	考核标准	分值	扣分	得分
1	准备环节	正确选用工具	选错1次扣1分	2		
2		做好防护	少做1项扣2分	4		
3		做好安全检查	漏掉1项扣2分	4		
4	蓄电池检测环节	查找蓄电池的位置	找错扣5分	5		
5		检测仪检测	未做或操作不当扣10分	10		
6		认清蓄电池的正负极	认不清扣10分	10		
7	蓄电池更换环节	拆卸蓄电池	按操作的熟练程度酌情扣分，未按先负后正的顺序操作的扣10分	15		
8		安装蓄电池	按操作的熟练程度酌情扣分，正负极接错扣15分	15		
9		起动检查安装状况	未做扣10分	10		
10		用电设备复位	每少做1项扣5分	15		
11		项目实训时间	0～15min 10分 >15～20min 8分 >20～25min 5分 >25min 0分	10		

质检员：		评分员：		合计得分	

教师点评：

团队合作：优秀 □ 良好 □ 及格 □   分工明确：优秀 □ 良好 □ 及格 □

专业标准：优秀 □ 良好 □ 及格 □   操作规范：优秀 □ 良好 □ 及格 □

教师签字：	年 月 日

注：实训未按规范操作，导致出现设备损坏或人身伤害，本次考核记0分。

实训项目十九 —— 奔驰发动机部分附件维护

任务一　奔驰充电系统认知

_____学时

班级：	组别：	姓名：	掌握程度： □ 优 □ 良 □ 及格 □ 不及格

一、工作任务

1．了解奔驰充电系统的组成。

2．熟悉发电机结构及安装位置。

3．掌握发动机传动带、发电机及水泵的拆装流程。

二、项目认知

（1）分析奔驰车的充电系统电路图，如图 19-1 所示。

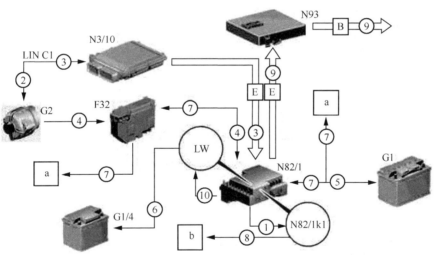

1—静态电流断路继电器关闭；2—发电机电压；3—信号电路61；4—充电电流；5—给车载电气系统蓄电池充电；

6—给起动机蓄电池充电；7—电源（电路 30）；8—电源（电路 30g）；9—用电装置切断请求；10—充电转换器运行；

F32—前预熔丝盒；G1—车载电气系统蓄电池；G1/4—起动机蓄电池；G2—发电机；N3/10—发动机控制单元；

N82/1—车辆电源控制单元；N82/1k1—静态电流断路继电器；N93—中央网关控制单元；a—用电装置（电路 30）；

b—用电装置（电路 30g）；LW—充电转换器；B—车内控制器区域网络（CAN）；

E—底盘控制器区域网络（CAN）；LIN C1—传动系统 LIN

□ 图 19-1　充电系统电路图

① 充电励磁电路是_____。

② 充电线路是_____。

（2）故障排除流程（发电机发电不稳故障）。

① 检查从蓄电池来的电源充电线路＿＿＿＿＿＿＿，接触＿＿＿＿＿＿＿，从仪表来的充电指示灯线路也就是一条单独的线，测量结果是＿＿＿＿＿＿＿＿＿＿＿＿＿＿。

② 考虑到充电指示灯线路还兼具作为其他指示灯的＿＿＿＿＿＿＿的功能，因此有可能是其他指示灯线路有＿＿＿＿＿＿＿，造成该线路不正常。

③ 依照仪表线路图，把它们一一拔掉检查，也没有发现问题。在检查过程中，发现充电指示灯线已经从发电机上拆下，可是打开点火开关时，充电指示灯居然会亮，这是＿＿＿＿＿＿＿＿＿现象。于是拔下仪表板，断开所有插接器，再次测量充电指示灯线路，其对地电阻极小，用数字万用表测量只有大约 2Ω 的阻值，表明该线路确实＿＿＿＿＿＿＿。由此确认故障原因，下一步只要找到是什么地方短路，就应该可以排除该故障。

（3）奔驰双蓄电池系统，如图 19-2 所示。

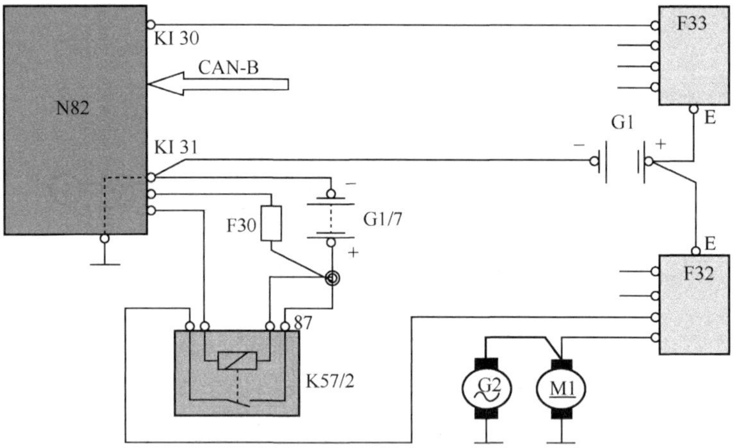

□ **图 19-2　奔驰双蓄电池系统组成图**

① 填写图 19-2 中各符号对应的名称及作用。

N82 的名称及作用是＿＿＿＿＿＿＿＿＿＿＿＿＿＿＿＿＿＿＿＿＿＿＿＿＿＿＿＿＿＿；

F30 的名称及作用是＿＿＿＿＿＿＿＿＿＿＿＿＿＿＿＿＿＿＿＿＿＿＿＿＿＿＿＿＿＿；

G1/7 的名称及作用是＿＿＿＿＿＿＿＿＿＿＿＿＿＿＿＿＿＿＿＿＿＿＿＿＿＿＿＿＿；

G1 的名称及作用是＿＿＿＿＿＿＿＿＿＿＿＿＿＿＿＿＿＿＿＿＿＿＿＿＿＿＿＿＿＿；

F32 及 F33 的名称及作用是＿＿＿＿＿＿＿＿＿＿＿＿＿＿＿＿＿＿＿＿＿＿＿＿＿＿；

K57/2 的名称及作用是＿＿＿＿＿＿＿＿＿＿＿＿＿＿＿＿＿＿＿＿＿＿＿＿＿＿＿＿。

② 主蓄电池在车上的位置如图 19-3 所示。

因为奔驰 W221 车型的耗电量很高，因此要使用最低充电电流为＿＿＿＿＿＿＿A 的充电器进行充电。充电时，正极接至充电正极的＿＿＿＿＿＿＿，负极接至起动蓄电池的＿＿＿＿＿＿＿极。

③ 起动蓄电池在车上的位置如图 19-4 所示。

为起动蓄电池充电的过程，通过起动蓄电池和车身搭铁来进行，正极接到起动蓄电池的＿＿＿＿＿＿＿极，负极接到车身＿＿＿＿＿＿＿或发动机＿＿＿＿＿＿＿（如发动机气缸体的吊耳）。

④ 主蓄电池电压参数的读取方法。主蓄电池电压能在仪表板"车辆数据"菜单中显示，

调取主蓄电池电压参数的方法如下。

　　a．将仪表板显示设置为"_____"。

　　b．短按多功能转向盘左侧的"OK"按键_____次，"复位里程表"显示在仪表板中。

　　c．再次按住多功能转向盘左侧的"OK"按键，同时按住多功能转向盘右侧的"接听电话"按键，并按住这两个按键约保持_____s，"车辆数据"项目显示在仪表板中。

　　d．按下"OK"按键，进入"车辆数据"菜单，"车辆数据"菜单显示的第 1 项数据就是主蓄电池（1JB）的电压。

□　图 19-3　主蓄电池位置　　　　　　　□　图 19-4　起动蓄电池安装位置

···□ 案例分享 □···

──────【 故障现象 】──────

　　一辆 2014 款奔驰 S350 轿车，行驶里程是 52 584km。用户反映仪表板显示"Battery not charged"字样。如图 19-5 所示，其中文含义是蓄电池充电故障，能起动发动机，但用户因担心该故障会导致其他危害，故来到维修站。

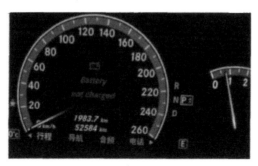

□　图 19-5　仪表板显示

──────【 故障诊断 】──────

　　1．用万用表测量发动机工作时发电机所发出的电压。经测量发动机无论在怠速还是高速，电压都在 14.5 V 左右，这说明发电机本身发电正常，故障应出在其他部位。

2. 用诊断仪对故障进行诊断。首先进入"short test"菜单进行全面测试，发现左前 SAM 控制模块、右前 SAM 控制模块及后 SAM 控制模块均有故障码。

3. 为了甄别是偶发现象还是真正的故障，记录下故障码后对故障码进行清除，清除故障码后起动车辆，仪表板依旧显示故障的存在，再次对车辆进行检测，有后 SAM 控制模块供电电压过低故障，故障码为 B1010。

4. 发电机的发电电压反馈到右前 SAM 控制模块，而右前 SAM 控制模块又通过 CAN 线将此信号送至后 SAM 控制模块，后 SAM 控制模块也通过 CAN 线将其本身的电压信息反馈给仪表板控制单元。如果有不正常的电压(过高或过低)出现，仪表便会显示"Battery not charged"字样。

5. 根据故障码所指，直接检查后 SAM 发现该控制模块的电源电压为 14.5 V，为正常值，判断后 SAM 控制模块损坏。

————【故障排除】————

更换新的后 SAM 控制模块并进行匹配，起动试车，仪表板不再显示故障，故障排除。

————【故障原因】————

后 SAM 控制模块损坏使其传输出电压过低的故障信号，仪表控制单元接收到该信号后显示了"Battery not charged"字样。

————【案例总结】————

本故障是由后 SAM 控制模块损坏引起的"蓄电池充电故障"，在检测故障的过程中一定要对控制原理了解透彻，结合诊断系统的指引，才能快速准确地找到故障点并加以排除。

任务二　发动机附件及发电机的拆装

_____学时

班级：	组别：	姓名：	掌握程度： □ 优 □ 良 □ 及格 □ 不及格		
实训目的	掌握发动机附件——水泵、传动带（也叫蛇形带）和发电机的拆装流程。				
安全注意 事项	注意设备及个人安全，规范操作。				
教学组织	每辆车按6位学员（组长1人、主修1人、辅修1人、观察员1人、评分1人、 质检1人）作业，循环操作。				
操作步骤 演示	 发电机的拆装 （一）  发电机的拆装 （二）				
任务	作业记录内容　☑ 正确　☒ 错误				
前期准备	□ 1. 护具——整车防护七件套（车外三件套——前翼子板垫/左翼子板垫/右翼子板垫，车内四件套——转向盘套/脚垫/座椅套/变速器操作杆套），如图19-6和图19-7所示。 □ 2. 工具——万用表（见图19-8）、套装工具（见图19-9）、铲刀等。  □ 图19-6　车外三件套 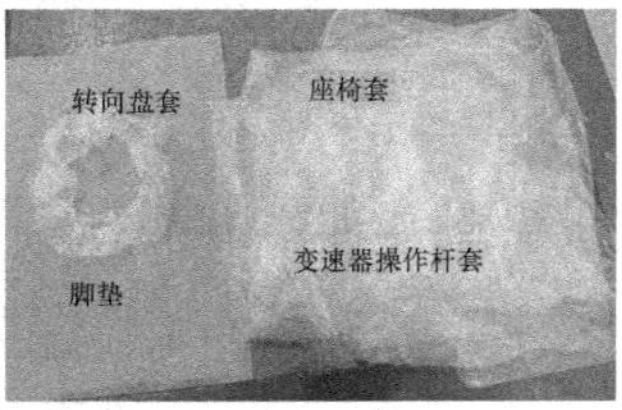　　□ 图19-7　车内四件套 　　□ 图19-8　万用表				

前期准备	□ 3. 耗材——软布（见图 19-10）、冷却液（见图 19-11）、清洗剂（主要用于清洗发电机等外壳上的油污等）等。  □ 图 19-9　套装工具 　　□ 图 19-10　软布 　　□ 图 19-11　冷却液 □ 4. 实训车辆——奔驰 C200。
安全检查	□ 1. 检查车辆驻车制动器是否被拉起，变速器挡位是否处于空挡。 □ 2. 举升车辆前，检查实训台架及周围是否安全。 □ 3. 举升车辆至高出地面 10～20cm，检查举升机支点位置。 □ 4. 举升车辆时，注意举升过程中有无异常、异响。若有，应立即停止当前作业并及时和老师联系，不得擅自处理。
防护工作	人身防护如图 19-12 所示。车身防护如图 19-13 所示。车内防护如图 19-14 所示。（注①）  □ 图 19-12　人身防护 　　□ 图 19-13　车身防护 　　□ 图 19-14　车内防护
操作流程	一、操作步骤 步骤一　拆卸传动皮带 □ 1. 用手机拍下或用笔画出发动机传动皮带的绕向，图 19-15 中的标注 1～8 均是各总成件的传动皮带盘。 □ 2. 加液盖子要拧开，从发动机的底部放出冷却液，如图 19-16 所示。  □ 图 19-15　皮带绕向

注①：安全防护要到位。

操作流程	

□ 图 19-16　放冷却液

□ 3．拆卸皮带后，两个皮带轮是固定在水泵上的，先把两个皮带轮拆掉，如图 19-17 所示。

□ 图 19-17　拆皮带轮

步骤二　拆装水泵

□ 1．拆卸水泵螺钉（共有 12 个，4 个长螺钉，8 个短螺钉，图 19-18 中未显示全），如图 19-18 所示。

□ 图 19-18　拆水泵螺钉

□ 2．拆卸水泵，注意里面有油道，大概会流几十毫升机油出来，如图 19-19 所示。

□ 3．清洁发动机与水泵的接合面，可以用清洗剂清洗发动机水泵处的油污，用铲刀清除杂物（千万不要将密封面铲坏），如图 19-20 所示，最后用软布擦净。 |

操作流程	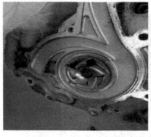  □ 图 19-19 拆下水泵   □ 图 19-20 清洁接合面 □ 4．对比新旧水泵，型号及外观均要对比，确保配件正确，如图 19-21 所示。 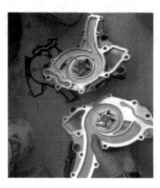  □ 图 19-21 确认水泵 □ 5．将新水泵装上去，螺钉要装在对应的位置上，按标准扭矩对角交叉分 3 次紧固，让垫片压实，确保密封性，如图 19-22 所示。 □ 6．加入干净的冷却液，如图 19-23 所示。 **步骤三　拆装发电机总成** □ 1．记住电气设备的设置，拆蓄电池负极，找到发电机的位置（见图 19-24），拆下发电机上的连接线并记住接线的位置。 □ 2．选择好站立的位置，拆卸发电机的 4 个固定螺钉，如图 19-25 所示。 □ 3．清洗发电机外壳，然后比较发电机的外观及型号，确认配件正确，如图 19-26 所示。

操作流程

□ 图 19-22　安装水泵

□ 图 19-23　加新冷却液

□ 图 19-24　发电机位置

□ 图 19-25　拆发电机螺钉

□ 图 19-26　确认发动机

□ 4．安装发电机总成件，接好连接线，如图 19-27 所示。

□ 5．检查水泵和发电机确保其安装到位后，再安装皮带，如图 19-28 所示。

□ 6．安装蓄电池负极，起动发动机几秒钟后熄火，检测皮带安装是否到位。

□ 7．再次起动发动机，检查发电机的发电电压，应在 14V 以上（见图 19-29），若目测没有漏冷却液，则让发动机运转到正常温度，升温的过程中要注意观察冷却液状况，熄火后检查水泵是否有泄漏。

□ 8．6S 管理及车辆复位。

操作流程	  □ 图 19-27 安装新发电机   □ 图 19-28 安装皮带   □ 图 19-29 发电机发电电压检测 **二、注意事项** □ 1. 注意皮带绕向。 □ 2. 注意断开蓄电池负极。 □ 3. 注意电气设备要复位。 **三、技术要求** □ 1. 掌握正确的水泵拆装的流程。 □ 2. 掌握正确的发电机拆装的流程。			
质量验收	□ 检查水泵是否安装到位。		是 □	否 □
	□ 检查发电机是否安装到位。		是 □	否 □
	□ 检查皮带是否安装到位。		是 □	否 □
	□ 与施工单对照检查项目的完成情况。		是 □	否 □
	□ 检查工具、设备是否有遗漏在车上。		是 □	否 □
检查与评估				
6S 管理规范 （教师点评）	□ 整理 □ 整顿 □ 清扫 □ 清洁 □ 素养 □ 安全			
成绩评定 （学生总结）	小组对本人的评定：□ 优 □ 良 □ 及格 □ 不及格			
	学生本次任务成绩：□ 优 □ 良 □ 及格 □ 不及格			

专业考核评分表——发动机部分附件及发电机的拆装

班级：		组别：	组长：		日期：		
技术标准：1. 水泵拆装流程；2. 发电机拆装流程							
序号	作业项目	考核内容	考核标准	分值	扣分	得分	
1	准备环节	正确选用工具	选错1次扣1分	2			
2		做好防护	少做1项扣2分	4			
3		做好安全检查	漏掉1项扣2分	4			
4	水泵拆装环节	记皮带绕向	未记录扣5分	5			
5		放冷却液	按标准流程操作，每错1步扣2分	5			
6		拆皮带及皮带轮	按流程操作，每错1步扣2分	5			
7		拆下水泵					
8		安装水泵	螺钉装错、未按规定力矩、未交叉分次紧固，每项扣3分	10			
9		加冷却液	未按流程操作扣5分	5			
10	发电机拆装环节	拆蓄电池负极	未做扣5分	5			
11		拆卸发动机上的接线并记住接线位置	按熟练程度酌情扣分	10			
12		拆下发电机并清洗	按熟练程度酌情扣分	5			
13		比较新旧发电机并安装	按熟练程度酌情扣分	10			
14		装传动皮带	按熟练程度酌情扣分	5			
15		装蓄电池负极	未安装扣5分	5			
16		检查安装状况	每漏1项扣2分	10			
17	项目实训时间		0～40min　　　　　　　　10分 >40～45min　　　　　　　8分 >45～50min　　　　　　　5分 >50min　　　　　　　　　0分	10			
质检员：		评分员：		合计得分			

教师点评：

团队合作：优秀 □　良好 □　及格 □　　　　　　分工明确：优秀 □　良好 □　及格 □

专业标准：优秀 □　良好 □　及格 □　　　　　　操作规范：优秀 □　良好 □　及格 □

教师签字：　　　　　　　　　　　　　　　　　年　　　月　　　日

注：实训未按规范操作，导致出现设备损坏或人身伤害，本次考核记0分。

实训项目二十　奔驰 CAN 总线认知与检测

任务一　奔驰 CAN 总线认知

_____学时

班级：	组别：	姓名：	掌握程度： □ 优　□ 良　□ 及格　□ 不及格

一、工作任务

1. 了解奔驰 CAN 总线的基础知识。

2. 熟悉奔驰总线的构成及作用。

3. 掌握奔驰 CAN 网络的检测和波形分析。

二、项目认知

1. 总线知识的认知

（1）定义：一组能为多个部件_____的信息传送线路称为总线。

（2）特点：分时、共享。通常做法：发送部件通过 OC（来电权开路）组件或三态门分时发送信息，由打入脉冲将信息送入指定接收部件。

（3）控制器局域网络（CAN）是国际上应用最广泛的_____之一。最初，CAN 被设计用于汽车环境中的微控制器通信，在车载各电子控制装置 ECU 之间交换信息，形成汽车电子控制网络。

CAN 最初出现在 20 世纪 80 年代末的汽车工业中，由德国_____公司最先提出。当时，由于消费者对于汽车功能的要求越来越多，而这些功能的实现大多是基于电子操作的，这就使得电子装置之间的通信越来越复杂，同时意味着需要更多的连接信号线，如图 20-1 所示。

提出 CAN 总线的最初动机就是为了解决现代汽车中庞大的电子控制装置之间的复杂通信问题，减少不断增加的信号线。于是，人们设计了一个单一的_____，如图 20-2 所示，所有的外围器件可以被挂接在该总线上。1993 年，CAN 已成为国际标准 ISO11898（高速应用）和 ISO11519（低速应用）。

□ 图 20-1　无 CAN 总线的车辆

□ 图 20-2　有 CAN 总线的车辆

CAN 是一种多主方式的_____总线，基本设计规范要求有高的传输速率、高的抗电磁干扰性，而且能够检测出产生的任何错误。当信号传输距离达到 10km 时，CAN 仍可提供高达 50kbit/s 的数据传输速率。

（4）奔驰 CAN 总线认知如图 20-3 所示。

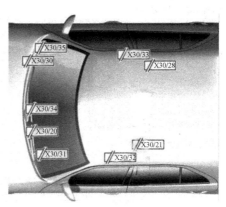

X30/20=中央CAN总线

X30/21　（驱动系CAN）

X30/28　（车辆动态CAN）

X30/30和X30/31　（底盘CAN）

X30/32，X30/33 and X30/34 （内部CAN）

X30/35 (Telematics CAN)

□ 图 20-3　奔驰部分 CAN 总线

① X30/21：数据传输速率为_____kbit/s～_____Mbit/s，在 1 Mbit/s 传输速率下，总线长度最多_____m；通过两条线路实现对称信号传输，CAN-H（高数据线）和 CAN-L（低数据线）在−3～16V 电压范围内具有短路防护功能（在 24V 车辆中为−3～32V），传输输出电流＞_____mA；线路终端电阻（阻抗）_____Ω。

X30/21 也被称为发动机总线，因为它负责发动机中的信号传输。传输速度为_____kbit/s，连接的控制装置数量为_____个。

②车内 CAN 总线：数据传输速率为_____～_____kbit/s，通过两条线路实现对称信号传输，在−6～16V 电压范围内具有短路防护功能（在 24V 车辆中高达 32V）；传输输出电流＜_____mA；总线线路具有静态差动电压，它来自具有默认电位的终端网络（静态模式），最大总线长度取决于数据传输_____。

车内 CAN 总线是车内总线，负责车外照明和几乎所有车内信号（例如电动车窗控制、_____显示屏、车内照明）。车内总线的传输速率为_____kbit/s，连接的控制装置数量为_____个。

2．CAN 网络的检测

（1）检查方法：检测时，关闭点火开关，断开两个控制单元，用示波器接入_____和_____，检查总线波形是否正常，在检测时可以分别断开某一个控制单元，以确定故障点是在控制单元还是在线路。如果数据总线无故障，可以更换较易拆下的一个控制单元进行试验。

（2）用万用表测量。

① 如图 20-4 所示，CAN 分为 CAN-H 和 CAN-L，CAN-H 电压为_____V，CAN-L 电压为_____V，这两根线为双绞线，用万用表测量如果不在此范围说明线路出了问题，可能是与电源短路，也可能与搭铁短路，或者两根互相短路。CAN 总线结构如图 20-5 所示。

② 各个模块之间靠 CAN 网络连接，各模块之间会定时发送数据，如果多个信息同时发送就会有_____等级问题，所以每个模块都是靠 CAN 网络传输信号的，当线路断开时，

断开的两端会有相同的电压，所以用电压的方式很难测出断路问题，原因是网关中各个模块是并联的，如图 20-6 所示。

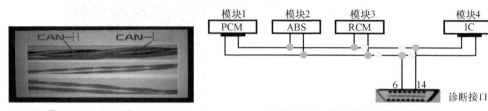

□ 图 20-4　CAN-H 和 CAN-L　　　　　　□ 图 20-5　CAN 总线结构示意图

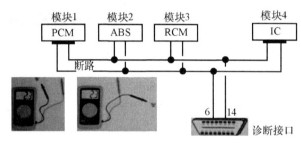

□ 图 20-6　并联模块

③ 电阻测量：在同一 CAN 网络下，为了防止信息在传递时造成回流，对信号造成干扰，所以在线束的末端都装有终端电阻，电阻的大小因车型不同而不同，以常用的 120Ω 为例，两电阻为并联方式，用万用表测量为_____Ω，如果模块之间断路，则只能测到一个电阻为_____Ω，通过这种方法就能测出断路了，如图 20-7 所示。

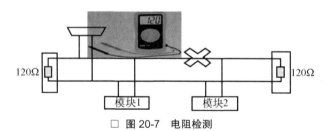

□ 图 20-7　电阻检测

··□ 案例分享 □··

━━━━━━━━━━━━━ 【故障现象】 ━━━━━━━━━━━━━

一辆 2014 款奔驰 C260，行驶里程是 12 306km，用户反映用遥控钥匙开不了门，但使用机械钥匙开门正常（见图 20-8），将车开到维修站维修。

━━━━━━━━━━━━━ 【故障诊断】 ━━━━━━━━━━━━━

1. 维修技师进行检测，结果按下遥控钥匙的按键发现，车能遥控开门和锁门，但用户确认是遥控开不了门才开过来检查的。询问用户得知，车停外面，一个多小时后用户办完事出来，遥控就开不了车门了，并且用户还说相同的情况前几天也出现过。

□ 图 20-8 机械钥匙可打开车门

2. 用诊断仪检测显示有一存储故障码——车门主控模块 CAN 失去通信，删除后故障码不再重现。

3. 因店内保养车辆较多，用户来店后等了有近一个小时了，考虑到故障出现时基本都是车停在外面太阳下一两小时后才出现的，结合这几天阳光强天气热的环境，怀疑故障的产生和温度有关，于是将车停到太阳下，模拟车主的用车环境，1h 后，遥控钥匙果然开不了车门了。

4. 用机械钥匙打开车门，用诊断仪检测还是车门主控模块 CAN 失去通信。

5. 拆下车门主控开关检查 CAN 线，发现 CAN-H 线针脚松动，用手按住该针脚再按遥控钥匙，能锁车门了。

————●————【故障排除】————●————

将 CAN-H 线的针脚取出，调整后再装回，遥控开/锁车门都恢复正常，在太阳下晒一段时间去开/锁车门，也完全正常，故障排除。

————●————【故障原因】————●————

因为车门主控模块的 CAN-H 线的针脚在温度较高的环境下出现了接触不良的现象，导致 CAN 失去通信，无法接收到控制信号，造成遥控开/锁车门失效的故障现象。

————●————【案例总结】————●————

本车是由于车门主控模块失去通信而造成故障，查找故障的过程并不复杂，最值得我们关注的是模拟实际用车环境使故障重现的环节，在维修的过程中一定要注意充分地考虑到这一点。

任务二　奔驰 CAN 总线检测

_____学时

班级：	组别：	姓名：	掌握程度： □ 优 □ 良 □ 及格 □ 不及格
实训目的	掌握奔驰 CAN 总线故障检测与排除方法。		
安全注意 事项	注意设备及个人安全，规范操作。		
教学组织	每辆车按 6 位学员（组长 1 人、主修 1 人、辅修 1 人、观察员 1 人、评分 1 人、 质检 1 人）作业，循环操作。		
操作步骤 演示	CAN总线检测		
任务	作业记录内容　☑ 正确　☒ 错误		
前期准备	□ 1. 护具——整车防护七件套（车外三件套——前翼子板垫/左翼子板垫/右翼子板垫，车内四件套——转向盘套/脚垫/座椅套/变速器操作杆套），如图 20-9 和图 20-10 所示。  　　 □ 图 20-9　车外三件套 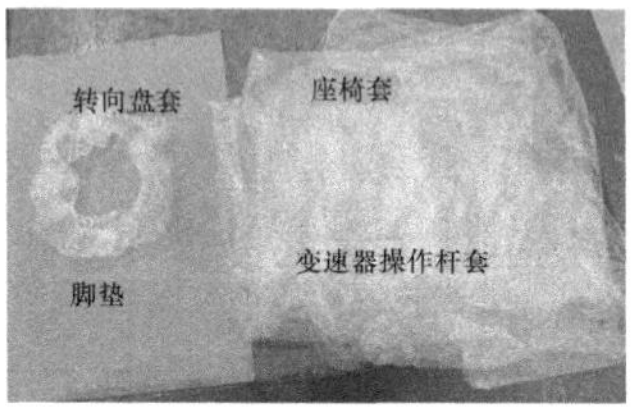　　　　□ 图 20-10　车内四件套 □ 2. 工具——万用表（见图 20-11）、专用探针（见图 20-12）等。 □ 3. 耗材——软布，如图 20-13 所示。  　　 □ 图 20-11　万用表 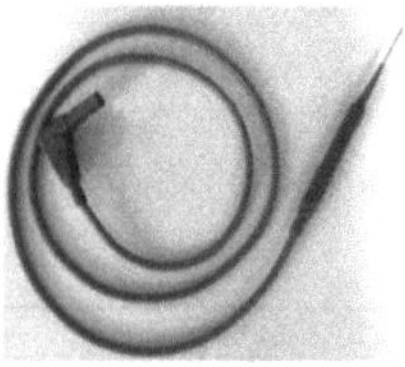　　□ 图 20-12　专用探针 　　□ 图 20-13　软布		

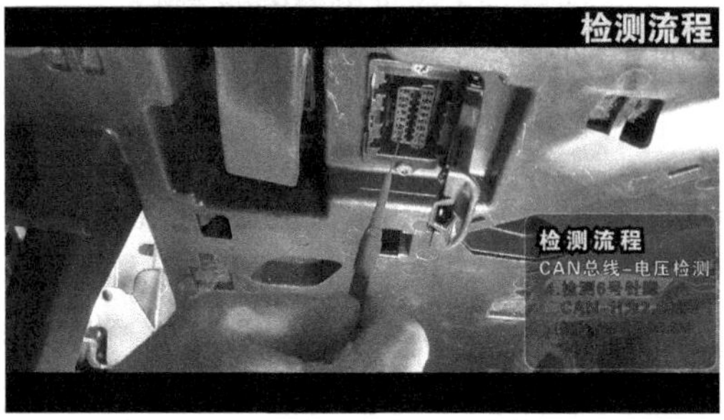

安全检查	□ 1．检查车辆驻车制动器是否被拉起，变速器挡位是否处于空挡。 □ 2．举升车辆前，检查实训台架及周围是否安全。 □ 3．举升车辆至高出地面 10～20cm，检查举升机支点位置。 □ 4．举升车辆时，注意举升过程中有无异常、异响。若有，应立即停止当前作业并及时和老师联系，不得擅自处理。
防护工作	人身防护如图 20-14 所示。车身防护如图 20-15 所示。车内防护如图 20-16 所示。（注①）  □ 图 20-14　人身防护 　　　□ 图 20-15　车身防护 　　　□ 图 20-16　车内防护
操作流程	**一、操作步骤** **步骤一　电压的检测** □ 1．要确定 CAN-H 和 CAN-L 导线是否破损或信号是否正常，可以测量其搭铁电压（平均电压），测量点在 OBD 诊断接口 6 号针脚和 14 号针脚处，如图 20-17 所示。 □ 2．测量电压：当 CAN 总线唤醒后，CAN-H 搭铁电压约为 2.66V，CAN-L 搭铁电压约为 2.31V，而且两者相加为 4.97V，如图 20-18 所示。  □ 图 20-17　测量 OBD 逐渐接口测量点 　　　□ 图 20-18　OBD 接口电压值 □ 3．实际测量的数据为 CAN-H 搭铁电压为_____V，CAN-L 搭铁电压_____V。 □ 4．关闭点火开关，拔下电动车窗主控开关控制单元插头，然后将点火开关开到"ON"挡，此时测到的电压为_____V。 □ 5．由测量结果分析是_____。 **步骤二　终端电阻值测量** □ 1．单独测量 14 号针脚与 6 号针脚的电阻，则测得终端电阻为 60Ω 左右，实际测量电阻为_____Ω，如图 20-19 所示。

注①：安全防护要到位。

操作流程	 □ 图 20-19　电阻检测 □ 2．拔下电动车窗主控开关控制单元插头，观察总阻值是否发生变化，当拔下插头再测量时，电阻为_____Ω。 □ 3．根据测量结果分析是_____。 □ 4.6S 管理及车辆场地等复位。 **二、注意事项** □ 注意拔、插插头时一定要关闭点火开关。 **三、技术要求** □ 掌握 CAN 电阻的检测方法并会通过电阻检测判断网关有没有故障。
质量验收	□ 检查仪表报警是否正常。　　　　　　　　　　　　是 □　否 □ □ 与施工单对照检查项目的完成情况。　　　　　　是 □　否 □ □ 检查工具、设备是否有遗漏在车上。　　　　　　是 □　否 □
检查与评估	
6S 管理规范 （教师点评）	□ 整理　　□ 整顿　　□ 清扫　　□ 清洁　　□ 素养　　□ 安全
成绩评定 （学生总结）	小组对本人的评定：□ 优　□ 良　□ 及格　□ 不及格 学生本次任务成绩：□ 优　□ 良　□ 及格　□ 不及格

专业考核评分表——奔驰 CAN 总线检测

班级：		组别：		组长：		日期：		
技术标准：CAN 总线的检测方法								
序号	作业项目	考核内容	考核标准		分值	扣分	得分	
1	准备环节	正确选用工具	选错 1 次扣 1 分		2			
2		做好防护	少做 1 项扣 2 分		4			
3		做好安全检查	漏掉 1 项扣 2 分		4			
4	CAN 总线检测环节	CAN-H 和 CAN-L 线的确定	每错一项扣 10 分		20			
5		拔插头前电压检测	不能正确测量扣 10 分		10			
6		拔插头后电压检测	不能正确测量扣 10 分		10			
7		测量电压结果分析	不能正确测量扣 10 分		10			
8		拔插头前电阻检测	不能正确测量扣 10 分		10			
9		拔插头后电阻检测	不能正确测量扣 10 分		10			
10		测量电阻结果分析	不能正确测量扣 10 分		10			
11		项目实训时间	0~8min　　　　10 分 >8~10min　　　8 分 >10~12min　　5 分 >12min　　　　0 分		10			
质检员：		评分员：				合计得分		
教师点评： 团队合作：优秀 □　良好 □　及格 □　　　　　　分工明确：优秀 □　良好 □　及格 □ 专业标准：优秀 □　良好 □　及格 □　　　　　　操作规范：优秀 □　良好 □　及格 □								
教师签字：　　　　　　　　　　　　　　　　　　　　　　　年　　　月　　　日								

注：实训未按规范操作，导致出现设备损坏或人身伤害，本次考核记 0 分。

任务一　奔驰车辆基本功能操作

_____学时

班级：	组别：	姓名：	掌握程度： □ 优　□ 良　□ 及格　□ 不及格

一、工作任务

1. 了解车辆基本的应急操作知识。

2. 熟悉基本的应急操作方法。

3. 掌握挂不出挡、钥匙电池无电等紧急情况下的应急操作方法。

二、项目认知

1. 奔驰（E260）中央显示器操作方法

（1）在图 21-1 所示的显示系统中用笔标出显示器的开关、显示屏的位置。

（2）查询资料可知，中央显示屏可以显示_____等。

2. 操控开关

如图 22-2 所示，1 的功能是_____，2 的功能是_____，3 的功能是_____。

□ 图 21-1　显示系统

□ 图 21-2　操控开关

3. 音频选择

进入音频选择界面可以选择音频相关内容，如图 21-3 所示。

□ 图 21-3　音频内容的选择

音频内容有_____、_____、_____

_____、_____、_____。

4．Comand 系统（驾驶舱管理与导航设备）内部功能设定

进入 Comand 系统内部功能设定，如图 21-4 所示，Comand 系统内部设定具有_____

功能、_____功能、_____功能、_____功能。

5．收音机系统（见图 21-5）

收音机系统具备以下功能。

（1）显示所有_____功能。

（2）手动搜索_____功能广播电台。

（3）接收_____功能报告。

（4）系统收音机_____功能信息。

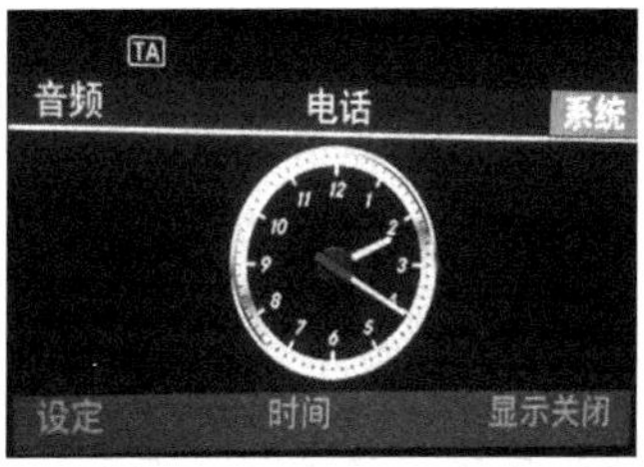

□ 图 21-4　Comand 系统

□ 图 21-5　收音机系统

6．蓝牙电话（已连接好蓝牙的前提下使用）

蓝牙电话具有以下 3 个功能。

（1）_____功能；

（2）_____功能；

（3）_____功能。

••••••••••••••••••••••••••••••••　□ 案例分享 □　••••••••••••••••••••••••••••••••

————————●————【故障现象】————●————————

一辆 2017 款的奔驰 CLS63 AM 车，行驶里程约 1.3 万 km，该车熄不了火，即使把车钥匙拔下来车辆照旧无法熄火。

————————●————【故障诊断】————●————————

维修技师通过反复测试发现依旧无法熄火，确认了故障现象。

（1）用诊断仪进行全车测试发现一个故障码，也就是电子点火开关中存在一个"回路 15 输出端对正极短路故障"。

（2）针对这一故障做下一步引导性检测。即检测回路"15"或回路"15R"的输出端。而在这里回路"15"的输出端由前 SAM 控制模块 N10/1 上的 N 号继电器控制，回路"15R"

的输出端由前 SAM 控制模块 N10/1 上的 P 号继电器控制，P 与 N 号继电器的搭铁端子都在前 SAM 控制模块 N10/1 内部，并且 P 号继电器的 86 正极输入端受控于点火开关，在这里拔下钥匙不熄火，说明 N 与 P 号继电器的接通与断开时不受点火开关的挡位控制了，一旦车起动之后就让继电器处于常吸合的状态。

（3）带着这样的分析，首先人为地拔下 P 号继电器，此时去转动钥匙发现车辆可以熄火了，接下来就检验继电器是否损坏，当把继电器重新装上并用钥匙起动车辆的时候发现继电器有动作的声音，说明继电器没有问题，同样方法排除所有继电器的可能，加上车辆可以正常起动，也排除了线路的故障。

（4）经过以上检测后，判断故障出在点火开关与前 SAM 控制模块 N10/1 上，通过诊断仪观察点火开关在不同挡位各输出端子的电压实际值变化，发现正常，排除点火开关损坏的可能性，重点放在前 SAM 控制模块 N10/1 上，拆下前 SAM，分解后发现里面有很严重的水腐蚀迹象。那水到底是从哪里来的呢?仔细观察发现原来水是在清洗风窗玻璃后流下来的，水通过前 SAM 熔丝盒盖再流到里面，进一步发现是因为前 SAM 熔丝盒盖里面的胶条密封不严造成的。而两个继电器的搭铁都是在前 SAM 内部执行的，所以就会造成车一旦起动就无法熄火的故障，判断前 SAM 控制模块故障。

───── 【故障排除】 ─────

对前 SAM 控制模块进行清洗，去除那些腐蚀的痕迹，清洗烘干后装上去试车发现功能正常，为防止故障再次出现，对前 SAM 熔丝盒进行密封处理，故障排除。

───── 【故障原因】 ─────

由于 SAM 熔丝盒进水，使得原本由点火开关控制的继电器线圈负极因氧化与搭铁线短路而不受控制了，造成了拔下钥匙也不能熄火的故障产生。

───── 【案例总结】 ─────

本故障是由于继电器线圈因氧化搭铁失去控制而造成的，我们在维修的过程中遇到此类不常见且又比较棘手的问题时，要冷静下来从故障码中找出一个突破口，大胆去试想与排除对这个故障造成干扰的问题，熟悉电路图，快速解决问题。当我们找到故障原因之后一定要从根源去排除它，防止此类故障再次出现。

任务二　奔驰车辆应急处理

_____学时

班级：		组别：		姓名：		掌握程度： □ 优 □ 良 □ 及格 □ 不及格
实训目的	掌握奔驰应急处理的操作步骤及注意事项。					
安全注意 事项	注意设备及个人安全，规范操作。					
教学组织	每辆车按 6 位学员（组长 1 人、主修 1 人、辅修 1 人、观察员 1 人、评分 1 人、质检 1 人）作业，循环操作。					
操作步骤 演示	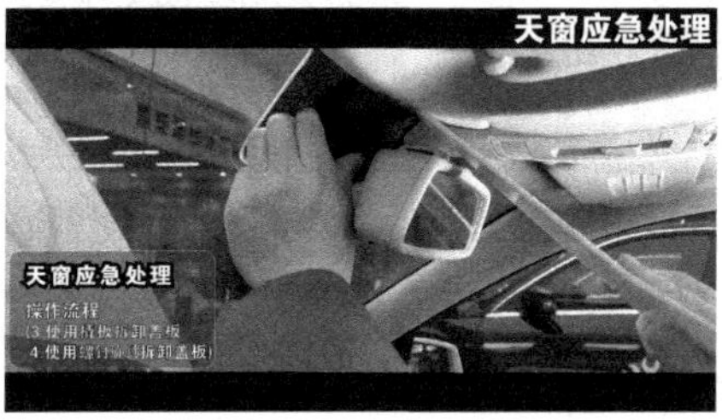 天窗应急处理 微课 车辆应急处理					
任务	作业记录内容　☑ 正确　☒ 错误					
前期准备	□ 1．护具——整车防护七件套（车外三件套——前翼子板垫/左翼子板垫/右翼子板垫，车内四件套——转向盘套/脚垫/座椅套/变速器操作杆套），如图 21-6 和图 21-7 所示。  □ 图 21-6　车外三件套 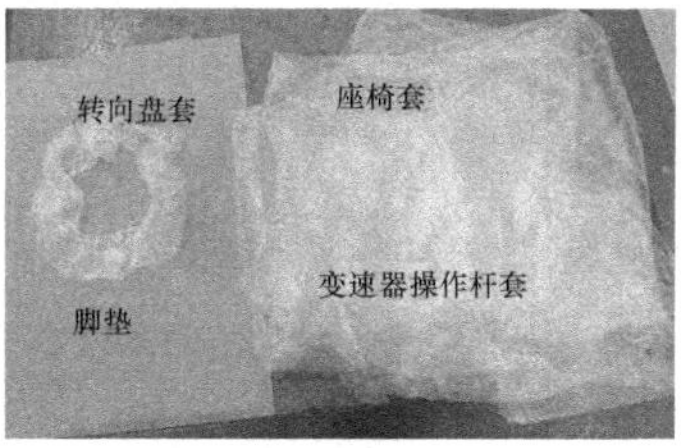　　□ 图 21-7　车内四件套 □ 2．工具——塑料撬板、套装工具等，如图 21-8 和图 21-9 所示。 □ 3．耗材——软布，如图 21-10 所示。  □ 图 21-8　塑料撬板 　　□ 图 21-9　套装工具 　　□ 图 21-10　软布 □ 4．实训车辆——奔驰 C200。					

安全检查	□ 1．检查车辆驻车制动器是否被拉起，变速器挡位是否处于空挡。 □ 2．举升车辆前，检查实训台架及周围是否安全。 □ 3．举升车辆至高出地面 10～20cm，检查举升机支点位置。 □ 4．举升车辆时，注意举升过程中有无异常、异响。若有，应立即停止当前作业并及时和老师联系，不得擅自处理。
防护工作	人身防护如图 21-11 所示。车身防护如图 21-12 所示。车内防护如图 21-13 所示（注①）。 □ 图 21-11 人身防护　　□ 图 21-12 车身防护　　□ 图 21-13 车内防护
操作流程	**一、操作步骤** **步骤一　紧急解锁 P 挡** □ 1．ESM（采用传统换挡杆形式通过机械传动连接操作换挡，换挡杆模块通常位于中央区域）应急解锁 P 挡。 □（1）找到中央控制台上的储物箱，拆下防尘罩，如图 21-14 所示，顺着导孔插入一把一字螺钉旋具，按下拉杆利用 R 挡和 P 挡锁止电磁阀内的销子解锁 P 挡锁，如图 21-15 所示。  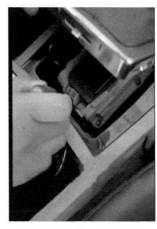 □ 图 21-14 拆下防尘罩　　□ 图 21-15 手动解锁 □（2）操作拉杆将换挡杆移出 P 挡，装配好防尘罩，如图 21-16 和图 21-17 所示。

注①：安全防护要到位。

□ 图 21-16　移动换挡杆　　　　□ 图 21-17　装配好防尘罩

□ 2. ISM（采用选挡开关控制换挡模块操作换挡形式，换挡过程通过操作直接选挡开关和直接选挡智能伺服模块来完成）应急解锁 P 挡。

□（1）将车辆前后车轮安放挡块。

□（2）将车辆诊断口与诊断仪连接，按诊断仪提示选择"车型"和"生产日期"等，选择诊断界面，并进入安全管理模块。

□（3）激活菜单。

□（4）选择将变速器挂入空挡位置

□（5）按照系统提示，在确保车辆和人身安全后，单击"F2"

□（6）最后单击"F3"，退出界面

步骤二　钥匙电池电量不足，紧急起动车辆

　　一般情况下显示钥匙没电，不代表钥匙电量为零，而是有一定的存余电量的，只是此时钥匙因电池电量不足，发射的信号非常弱，接收器接收不到信号，不能起动，而当钥匙插入后，距离非常近了，接收器就能接收信号并识别出钥匙，正常起动。

□ 1. 找到一键起动的银色金属盖，用手指拔出起动键，如图 21-18 所示。

□ 2. 观察起动键拔出后的孔，能说出该孔的作用，如图 21-19 所示。

□ 图 21-18　起动键　　　　□ 图 21-19　取出按键

□ 3. 插入钥匙，顺时针转动用于起动，如图 21-20 所示。

步骤三　天窗的应急关闭和打开

□ 1. 坐到驾驶室，用手将车内后视镜后面的装饰板拆卸下来，如图 21-21 所示。

□ 图 21-20　插入钥匙

□ 图 21-21　拆装后视镜后的饰板

□ 2．用专用工具（撬板）拆卸中间的装饰板，如图 21-22 所示。

□ 3．用撬板撬开白色的装饰板，同样拆卸右边的白色装饰板，如图 21-23 所示。

操作流程

□ 图 21-22　拆装中间装饰板

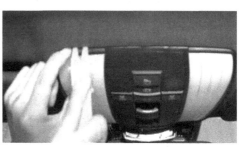

□ 图 21-23　专用工具拆右边的装饰板

□ 4．用撬板向前撬下后视镜与天窗控制开关，如图 21-24 所示。

□ 5．放下后视镜及控制开关，注意不能损坏后面的转轴，注意两个电动机（左边控制天窗，右边控制卷帘），如图 21-25 所示。

□ 图 21-24　拆天窗控制开关

□ 图 21-25　开关后面的电动机

□ 6．用 10 号内六角扳手，插入左边的小孔中，转动扳手即可打开或关闭天窗，如图 21-26 所示。

□ 7．用 10 号内六角扳手，插入右边的小孔中，转动扳手即可打开或关闭卷帘，如图 21-27 所示。

□ 8．6S 管理及车辆复位。

操作流程	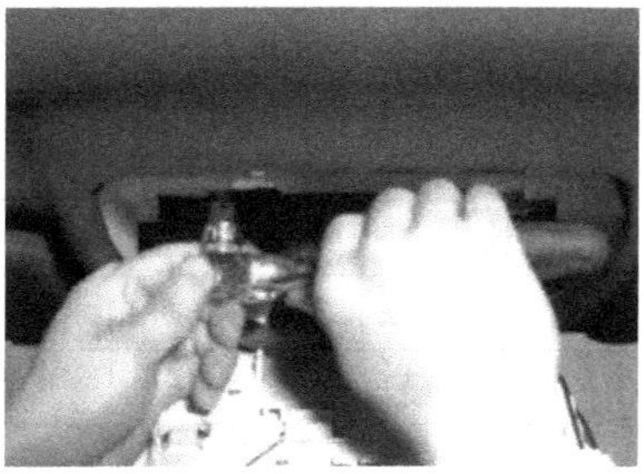

□ 图 21-26　天窗手动开关调节　　　　　　□ 图 21-27　卷帘手动开关调节

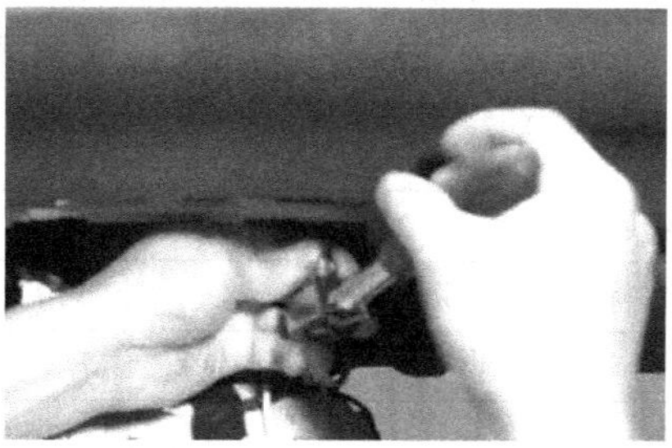

二、注意事项

□ 1．注意检查天窗玻璃有没有关闭或开启。

□ 2．注意手上不要有油渍。

□ 3．注意检查应急功能是否完全完成。

三、技术要求

□ 1．掌握正确的应急处理方法。

□ 2．钥匙的使用要规范。

□ 3．拆卸天窗时注意顺序，不能损坏开关及设备。

质量验收	□ 是否能用应急方法起动发动机。	是 □　否 □
	□ 是否能将换挡杆从 P 挡挂出。	是 □　否 □
	□ 是否能打开天窗或关闭天窗。	是 □　否 □
	□ 与施工单对照检查项目的完成情况。	是 □　否 □
	□ 检查工具、设备是否有遗漏在车上。	是 □　否 □

检查与评估	
6S 管理规范（教师点评）	□ 整理　　□ 整顿　　□ 清扫　　□ 清洁　　□ 素养　　□ 安全
成绩评定（学生总结）	小组对本人的评定：□ 优　　□ 良　　□ 及格　　□ 不及格 学生本次任务成绩：□ 优　　□ 良　　□ 及格　　□ 不及格

专业考核评分表——奔驰车辆应急处理

班级：		组别：		组长：		日期：		
技术标准：1. 解锁 P 挡的方法；2. 钥匙电量不足时起动方法；3. 天窗解锁方法								
序号	作业项目	考核内容	考核标准			分值	扣分	得分
1	准备环节	正确选用工具	选错 1 次扣 1 分			2		
2		做好防护	少做 1 项扣 2 分			4		
3		做好安全检查	漏掉 1 项扣 2 分			4		
4	解锁 P 挡环节	ESM 解锁	不能手动解锁扣 10 分			15		
5		ISM 解锁	不能用诊断仪解锁扣 10 分			10		
6	钥匙电量不足起动环节	拆除起动键	不能拆除按键扣 10 分			10		
7		起动车辆	不能起动车辆扣 10 分			10		
8	天窗解锁环节	拆卸天窗开关的装饰板	按拆除步骤及熟练程度酌情扣分，每项最多扣 5 分			10		
9		拆卸控制开关	按拆除步骤操作，步骤不对扣 5 分			5		
10		用内六角扳手开、闭天窗	不能正常开、关每项扣 5 分			10		
11		用内六角扳手开、闭卷帘	不能正常开、关每项扣 5 分			10		
12	项目实训时间		0～25min 10 分；>25～30min 8 分；>30～35min 5 分；>35min 0 分			10		
质检员：		评分员：				合计得分		

教师点评：

团队合作：优秀 □ 良好 □ 及格 □　　　　分工明确：优秀 □ 良好 □ 及格 □
专业标准：优秀 □ 良好 □ 及格 □　　　　操作规范：优秀 □ 良好 □ 及格 □

教师签字：　　　　　　　　　　年　月　日

注：实训未按规范操作，导致出现设备损坏或人身伤害，本次考核记 0 分。